Heim / Wendlandt · PFEIL UND BOGEN

homo ludens

Katja Heim · K.M.Wendlandt

PFEIL UND BOGEN

Bogenschießen als Sport und Hobby

Hugendubel

homo ludens

Eine Buchreihe herausgegeben von Stefan Wilfert

Fotos: Francis R. Hoff
E. G. Heath, The Grey Goose Wing
Süddeutscher Verlag
Persfoto'sRol R.&Y. van der Sypt

Die Deutsche Bibliothek – CIP-Einheitsaufnahme
Pfeil und Bogen : Bogenschießen als Sport und Hobby /
Katja Heim ; K. M. Wendlandt. – 5. Aufl. – München :
Hugendubel, 1995.
   (Homo ludens)
   ISBN 3-88034-294-6
NE: Heim, Katja; Wendlandt, Karlheinz

5. Auflage 1995
© Heinrich Hugendubel Verlag, München 1986
Alle Rechte vorbehalten

Umschlaggestaltung: Parzhuber & Partner, München
Gestaltung: Atelier Wendlandt
Produktion: Tillmann Roeder, München
Reproduktion: FBS Repro GmbH, München
Satz: Uhl + Massopust, Aalen
Druck und Bindung: Bosch-Druck, Landshut
Printed in Germany
ISBN 3-88034-294-6

Inhalt

Vorwort

Über Tausende von Jahren spielten Pfeil und Bogen eine entscheidende Rolle in der Geschichte der Menschheit. Vom prähistorischen Menschen als erstes, durch mechanische Kraft betriebenes Gerät, entdeckt, hatten Pfeil und Bogen enormen Einfluß auf den Aufstieg und Niedergang von ganzen Nationen, so wichtig wurde diese Waffe genommen, daß Männer, die den Umgang mit ihr besonders gut meisterten, große Auszeichnungen bekamen; daß Söhne durch Gesetz gezwungen wurden, das Bogenschießen zu erlernen und Weisungen erteilt wurden, die den Besitz von Pfeil und Bogen anordneten.

Auch nach der Erfindung des Schwarzpulvers wurden Pfeil und Bogen teilweise noch als Kriegs- und Jagdwaffe eingesetzt. Und selbst heute gibt es in entlegenen Gebieten der Welt noch Gruppen, die den Umgang mit dieser Waffe niemals aufgegeben haben.

Nicht mehr als Kriegswaffe, sondern als Sportgerät findet Pfeil und Bogen immer mehr Freunde bei Jung und Alt. Die Gründe hierfür sind einfach zu erklären.

Das Bogenschießen ist ein Sport, den man das ganze Jahr über, drinnen oder draußen, überall auf der Welt, mit Freunden oder alleine ausüben kann. Es ist ein verhältnismäßig preiswerter Freizeitspaß, der keine Altersgrenze kennt und bei dem Geschicklichkeit und Konzentration weitaus wichtiger sind als übermäßige Stärke.

Das vorliegende Buch zeigt dem Leser, wie eng die faszinierende Historie von Pfeil und Bogen mit der Geschichte der Menschheit verbunden ist. Es gibt einen Überblick, welche Möglichkeiten das Bogenschießen als Freizeit- oder Turniersport heute zu bieten hat und vermittelt alle theoretischen Grundkenntnisse vom Kauf des Bogens bis zum Umgang mit ihm. Kurze Kapitel über das meditative Bogenschießen der Zen-Buddhisten und über den selbstgebauten „Flitzebogen" runden das vorliegende Buch ab.

Die Geschichte von Pfeil und Bogen

Gewissermaßen war Sebastian ein junger Mann mit guten Aussichten auf eine gesicherte Zukunft: Geboren als Edelmann in der einst zum römischen Gallien gehörenden Stadt Narbonne, Bürger von Mailand, und, vor allem, Favorit des Kaisers Diokletian. Als solcher kommandierte er die Prätorianer, jene berühmte, dreifach besoldete, persönliche Schutzgarde des Kaisers. Als solcher genoß der gutaussehende Sebastian besondere Vorteile und konnte eigentlich beruhigt auf ein angenehmes, gesichertes Leben schauen.

Wen wundert's da, daß sich viele namhafte Künstler diesen Edelmann als Vorbild für ihre Meisterwerke genommen haben? Leute wie Botticelli oder Riemenschneider, Dürer oder Holbein haben Sebastian dargestellt. Doch nicht etwa wie erwartet in der strahlenden Gesundheit seiner Jugend. Nein, die meisten Kunstwerke zeigen einen nur mit einem Lendenschurz bekleideten, an einen Baum gefesselten jungen Mann, dessen Körper von Pfeilen durchbohrt ist. Dies ist Sebastian – der Märtyrer.

Er starb, weil er zu einer Zeit Christ war, in der die Christen nicht nur im römischen Reiche verfolgt wurden. Er ließ sein Leben, weil er dank seiner Position Christen in den Gefängnissen Roms besuchte und ihnen Mut zusprach. Öffentlich bekannte er sich zu seinem Glauben – öffentlich wurde er hingerichtet. Auf Anweisung seines einstigen Gönners Diokletian schossen die numidischen Bogenschützen unzählige Pfeile durch seinen Körper und ließen ihn liegen. In der Legende überlebt der Märtyrer diese Hinrichtung, bekennt sich noch einmal zum Christentum, um danach mit Knüppeln erschlagen und in Roms »cloaca maxima« geworfen zu werden.

Den Pfeil, den deine Braut dir gebracht hat.
Nehm' ihn, mein Bruder, nimm ihn mit zur Jagd, um den gefleckten Hirschen zu töten. Nehm' ihn mit, oh Bruder mein, zur Jagd

Indisches Hochzeitslied

Diese Tragödie aus dem Jahre 288 nach Christi Geburt gab Anlaß, Sebastian seit dem 4. Jahrhundert als Heiligen zu verehren. Als Schutzheiliger der Bogenschützen ist er in diesem Buch zu erwähnen.

Insgesamt sind es nicht weniger als 22 europäische Heilige, die mit Pfeil oder Bogen als ihrem besonderen Kennzeichen dargestellt werden. Darunter befindet sich auch die Schutzpatronin der Ursulinnerinnen, die Heilige Ursula, jene wegen ihrer Schönheit weit berühmte Tochter des Königs Maurus von Britannien. Bei der Rückkehr aus Rom wurde im Jahre 452 Ursula und die Jungfrauen, die sie begleiteten, in Köln von den Hunnen überfallen und mit Pfeilen getötet.

Für Tausende von Jahren spielte der

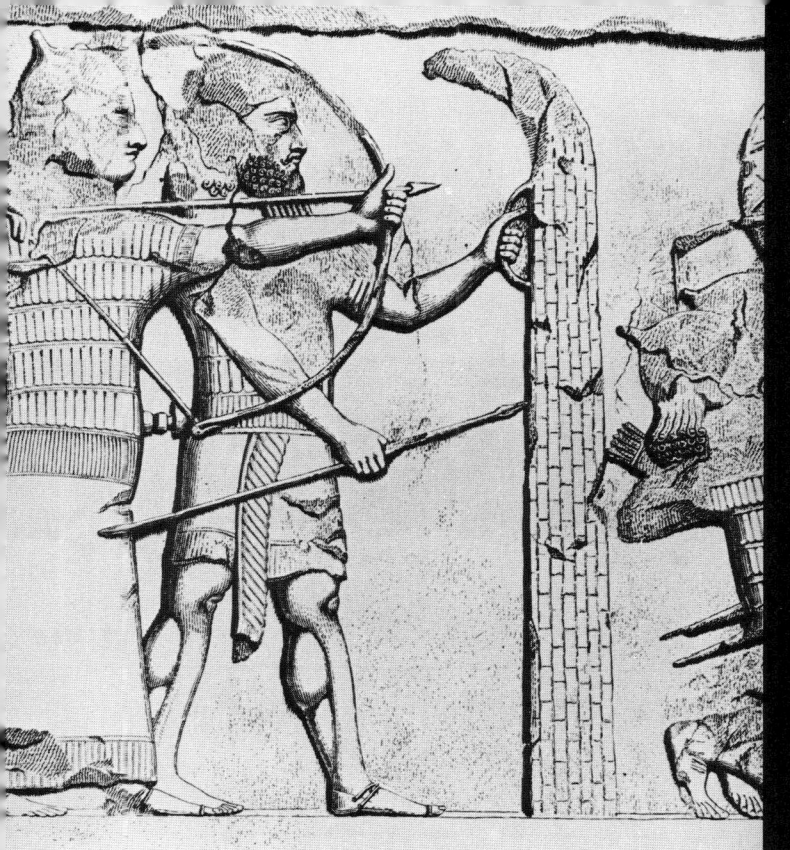

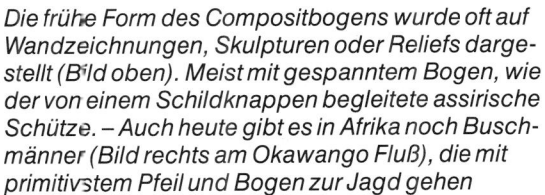

Die frühe Form des Compositbogens wurde oft auf Wandzeichnungen, Skulpturen oder Reliefs dargestellt (Bild oben). Meist mit gespanntem Bogen, wie der von einem Schildknappen begleitete assirische Schütze. – Auch heute gibt es in Afrika noch Buschmänner (Bild rechts am Okawango Fluß), die mit primitivstem Pfeil und Bogen zur Jagd gehen

Bogen eine entscheidende Rolle im Leben der Menschheit. So groß war der Einfluß, daß seine Erfindung gleichgesetzt wurde mit der Entdeckung des Feuers und des Rades. Mag dies vielleicht zunächst übersteigert klingen, so bleiben an dieser These keine Zweifel mehr, wenn man die lange Geschichte von Pfeil und Bogen zurückverfolgt.

Zugegeben, wichtig ist der Bogen heute nicht mehr. Er ist zum Freizeitartikel geworden. Doch als Sport-, und in einigen Ländern wie Kanada oder Amerika als erlaubte Jagdwaffe, gewinnt er von Jahr zu Jahr mehr Anhänger. Dabei vergessen wir oft, daß sein Erbe bis in unsere gegenwärtige Zeit hineinreicht. Beispielsweise in unserer Volkskunde, in unserem Aberglauben

und nicht zuletzt in unserer Umgangssprache. Tagtäglich werden wir durch die Hinweispfeile auf unseren Verkehrsschildern an die alte Jagd- und Kriegswaffe erinnert.

Erfindung von Pfeil und Bogen

»Wie« und »wann« der prähistorische Mensch Pfeil und Bogen entdeckt hat – darüber gehen die Meinungen der Archäologen auseinander. Zwischen 150 000 und 50 000 Jahre alt sei er, vermuten die Wissenschaftler. Der Gebrauch des Bogens seit der Steinzeit ist durch die Funde von Pfeilspitzen aus Horn, Knochen oder Stein erwiesen. Selbst das Aussehen des Bogens kann man an Hand von prähistorischen Höhlenzeichnungen, die in den letzten Jahren in Teilen Afrikas, Spa-

Indianer auf der Bison-Jagd zeigt das Foto nach
einem Kupferstich (Bild oben). Als geschickte Reiter
hielten die Jäger nur wenig Abstand zu den flüchten-
den Tieren und schossen Pfeil auf Pfeil ab. – Der
Heimkehrer Odysseus tötet die Freier seiner Gattin
Penelope. Die rotfigurige Vasenmalerei stammt aus
dem 5. Jahrhundert vor Christus.

10

nien und Frankreich entdeckt wurden, beschreiben: Danach handelte es sich um einfache Holzbögen, die ungefähr eineinhalb bis zwei Meter lang waren. Die angepaßten Saiten waren aus tierischem Darm und konnten den Pfeil bis zu dreißig Zentimeter weit zurückziehen. Der älteste heute noch existierende Bogen wurde 1944 in Dänemark gefunden. Er stammt aus der mittleren Steinzeit und datiert zirka 8000 Jahre zurück.

Frühe Kulturen

Die ersten Waffen des prähistorischen Menschen waren Keule und Speer. Der Mensch lebte vom Jagen und jagte um zu leben. Mit dem Bogen hatte er nun das erste Gerät, das durch mechanische Kraft betrieben wurde. Da fällt es nicht schwer, sich vorzustellen, welche enormen Auswirkungen diese Waffe für die primitive Welt mit sich brachte: Es war eine neue Methode Fleisch zu besorgen und sich gegen die natürlichen Feinde zu wehren – weit weniger gefährlich und weitaus

**Ein Pfeil
auf die Zielscheibe
Wenn die Entfernung stimmt,
ein Treffer** *Sengai*

bequemer als Keule und Speer. Selbst die Devise, daß nur der Stärkste eine Chance zum Überleben hat, war jetzt falsch.
Nicht anders als revolutionär bezeich-

nen kann man den technischen Fortschritt, den der Mensch durch die neue Waffe nun machte. Zu einer Zeit, als die kulturelle Weiterentwicklung der Bevölkerung sehr eng mit der jägerischen Lebenshaltung verbunden war, bedeutet die Kenntnis von Anfertigung und Gebrauch neuer Waffen und Geräte großen Einfluß auf die gesellschaftliche und familiäre Umgebung. So ist es leicht zu verstehen, daß sich Pfeil und Bogen von frühester Zeit an schnell ausbreiteten. Nur in Australien konnte er den Speer niemals verdrängen. Alle anderen aber, Ägypter, Griechen, Perser, Babylonier, Chinesen, Assyrer, Israeliten, Römer, Mongolen und, und, und – waren vom Bogen für Jagd- und Kriegszwecke abhängig. Genauso waren es die Eskimos, Indianer und viele afrikanischen Stämme.
Häufig entschied die Geschicklichkeit der Bogenschützen über das Ende eines Krieges. Das führte dazu, daß in einigen Ländern die Männer einen großen Teil ihrer Freizeit opfern mußten, um die Kunst des Bogenschießens zu erlernen. Auch das Jagen mit Pfeil und Bogen erforderte ein spezielles Training. So entwickelte sich über viele Jahrhunderte eine besondere Wertschätzung, nicht nur für den Bogen, sondern ebenso für jene Menschen, die ungewöhnlich gekonnt damit umgingen. Schon vor langer Zeit entstanden Legenden, Mythen und wunderschöne Geschichten über

Bögen und ihre Schützen.
Wer kennt ihn nicht? Amor, den römischen Liebesgott mit seinen schicksalshaften Pfeilen.
Wer hat nicht schon von Achilles gehört? Dem großen mythischen Helden des alten Griechenlands, der für seine Stärke und seinen Mut berühmt war. Nahezu perfekt und unverletzbar für die Waffen jener Zeit. Der Sage nach wurde Achilles als Baby von seiner Mutter in den Fluß Styx getaucht, um ihn dadurch vor menschlichen Angriffen zu schützen. Das Märchen sagt, daß genau an der Stelle seiner Ferse, an der die Mutter ihn beim Eintauchen festhielt, ihn der tödliche Giftpfeil traf. Selbst eines der sieben Weltwunder läßt erkennen, daß das Bogenschießen schon 260 vor Christi Geburt eine wichtige Rolle in der Zivilisation spielte. Besser bekannt als der »Koloß von Rhodos«, wurde das fünfte Weltwunder errichtet, um den Sonnengott Helios zu ehren. Der 32 Meter hohe Koloß diente einst als Bogenbrücke im

Als Nomaden leben die Buschmänner in der Republik Botswana, im innersten Teil des südafrikanischen Beckens. Einiges an dieser Buschmannfrau (Bild unten) erinnert an prähistorische Zeiten: Die Kleidung aus Tierhäuten, die einfache Hacke zum Ausgraben eßbarer Wurzeln, der Bogen und der Köcher für vergiftete Pfeile – Besonders in Köln wird die Märtyrerin Ursula, Schutzheilige der Ursulinerinnen verehrt. Der Legende nach wurde sie nach einer Wallfahrt nach Rom bei Köln im Jahre 452 von den Hunnen ermordet. (rechts)

Hafen von Rhodos. In seiner rechten Hand hielt der bronzene Helios die Flamme des Lichts, in der Linken seinen Bogen.

Harte Schule für die Kinder

Von Nation zu Nation, sogar von Stamm zu Stamm, entwickelten sich von Anfang an Unterschiede bei der Ausstattung des Bogens und der Technik des Schießens. Die Verschiedenheiten in Form und Herstellung der Waffe und die eigenen Methoden, sie zu benützen, entsprachen nicht nur den Bedürfnissen der Umwelt, der Lebensart oder der Gepflogenheiten, sondern auch dem Material, das in den einzelnen Regionen zur Verfügung stand.

Heute ist es schwer, sich vorzustellen, welch wichtige Rolle der Bogen einstmals für die Nationen spielte. Die Bedeutung, die ihm zugemessen wurde, kann man unter anderem auch daran erkennen, daß meisterhafte Schützen besonders verehrt und ausgezeichnet wurden. Da jedes Land bemüht war, viele davon zu haben, wurden Gesetze erlassen, die die Söhne zwangen, den Gebrauch des Bogens zu erlernen. Und selbst wenig kriegerisch ambitionierte Männer wie der griechische Philosoph Plato, sein chinesischer Kollege Konfuzius oder Papst Leo I. empfahlen der Jugend den Umgang mit Pfeil und Bogen.

Auf der griechischen Insel Kreta beispielsweise waren sie gerade sieben Jahre alt, als sie das Bogenschießen erlernen mußten. Dagegen bekam die persische Jugend im Alter zwischen fünf und zwanzig Jahren Unterricht an dieser Waffe. Die härteste Schulung aber wohl durchlebten die Jungen der Tartaren: Wer ab dem siebten Lebensjahr Hunger hatte, mußte sich

In der frühsumerischen Zeit wurden zum ersten Mal Werke der bildenden Kunst geschaffen. So stammt das Siegel mit der Darstellung einer Jagd auf Wildrinder aus der 2. Hälfte des 4. Jahrtausends vor Christus

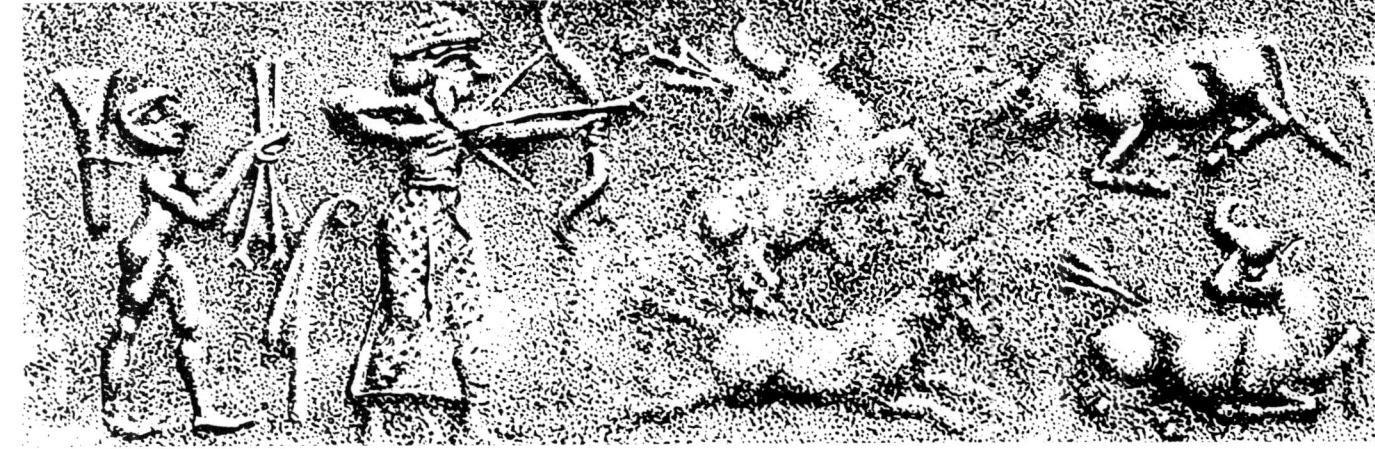

Zu den berühmtesten Göttinnen des Altertums zählt ganz bestimmt die Venus – zu den berühmtesten Bogenschützen gehört ganz bestimmt ihr Sohn Amor mit seinen Schicksalspfeilen

mit Pfeil und Bogen seine Nahrung selbst erschießen. Unnötig zu sagen, daß durch diese harte Bedingung hervorragende Bogenschützen entstanden. Bei einigen amerikanischen Indianerstämmen gab es eine etwas weniger brutale Methode, um die Kinder zum Lernen anzuregen. Sie legten

Ein Pfeil von einem Krieger Geschossen auf einen Ungläubigen zählt stärker als viele Gebete von einem frommen Einsiedler *Arab Archery*

Essenspakete in die Astgabeln der Bäume. Somit wurde auch hier der Ehrgeiz des Hungrigen angestachelt, den Pfeil ins Ziel zu lenken.

In den alten Zeiten galt der Bogenbau und seine Handhabung als ein hochgeschätztes Erbgut von Jägern und Kriegern, von Vätern an ihre Söhne. Häufig wurden die Bögen mit ihren Eigentümern beerdigt. So hinterließen beispielsweise die Ägypter kunstvoll gefertigte Waffen in den Pharaonengräbern. Im Grab des ägyptischen Königs Tut-ench-Amun haben Archäologen 29 gut erhaltene Compositbögen gefunden, die Aufschluß über Größe, Material und Konstruktion dieser seltenen Stücke aus den Jahren um 1350 vor Christus geben. Von weit größerer historischer Wichtigkeit aber war die Tatsache, daß diese Sammlung königlicher Bögen dreiviertel der insgesamt vorhandenen Compositbögen aus dem alten Ägypten darstellt. Zeitlich können sie genau auf die Regierungszeit Tut-ench-Amuns von 1352–1343 festgelegt werden und fünfzehn von ihnen tragen den Namen des Königs.

Der erste Composit-Bogen

Der wohl revolutionärste Fortschritt in der Historie des Bogenschießens ereignete sich noch vor Christi Geburt: Die Entwicklung des Compositbogens. Mit ihm war eine überdurchschnittliche Waffe von beängstigender Genauigkeit und Kraft geschaffen. Dieser Bogen bestand nicht mehr nur aus einem oder mehreren Holzstücken, sondern setzte sich aus Holz und anderen organischen Materialien zusammen. Seine Entstehung verdankt er der Fertigkeit der asiatischen Bogenbauer und ihren Fähigkeiten mit den Problemen der Beschaffung unzulänglicher Bogenhölzer mit der notwendigen Länge, Gleichmäßigkeit und Struktur fertigzuwerden.

Ein arabischer Autor des späteren 15. Jahrhunderts beschrieb diesen Bogen wie folgt:

»Die Struktur des Compositbogens ist der des menschlichen Körpers nicht unähnlich. Der Körper des Menschen besteht aus vier Grundelementen: Knochen, Fleisch, Arterien und Blut. Der Compositbogen besitzt die vier Gegenstückelemente: Holz – das Skelett. Horn – das Fleisch, Sehnen – die Arterien und Leim – das Blut. Der Mensch hat Rücken und Bauch – der Bogen auch. Und wie der Mensch

15

sich nach vorne beugen kann, sich aber bestimmt verletzen würde, wenn er sich nach hinten beugt, so passiert es auch beim Betätigen des Bogens.« Obwohl der Bogen in der alten Welt entwickelt und gebraucht wurde, erreicht das Bogenschießen seine höchste Perfektion bei den Asiaten. Die Ägypter richten für die Herstellung des Compositbogens Werkstätten ein und erzeugen immer weitere Hilfsmittel für spezielle Verwendungen des Bogens. Dies erschwerte einerseits Zusammensetzung und Schießtechnik, andererseits aber brachte sie den Benützern ungeahnte Leistungen. Die genauen Materialien, die damals für die Herstellung des Bogens benützt wurden, sind in den »Ugaritischen Texten« aufgezählt:

Birkenholz aus Libanon
Sehnen vom wilden Stiere
Hörner von wilden Ziegen
und Flechsen von Stierhaxen.

Auch bei dieser Waffe fällt es schwer, ein exaktes Alter festzulegen. Ein erster Beweis jedoch für die Existenz des Compositbogens kommt in Form eines kleinen sumerischen Stempels und datiert auf das Jahr 2300 vor Christus.

Die wichtigste Kriegswaffe

Als Jagdwaffe war der Bogen bei den Menschen des Altertums schon im Gebrauch, bevor sie Kriege führten. Später wurde er dann für lange Zeit die wichtigste Kriegswaffe und dabei oft von seinen Feinden unterschätzt.

So wird behauptet, daß in den alten Kriegen mehr Menschen durch Pfeile getötet wurden als in den modernen Konflikten durch die Feuerwaffen. Ob wahr oder unwahr – eines ist sicher: Der Bogen entschied über Wachstum und Existenz ganzer Zivilisationen sowie über den Aufstieg und Fall von Königen, Kaisern und Nationen. Die grauen Wolken der tödlichen Pfeile prägten jahrhundertelang die Geschichte unserer Welt.

Rund 10 000 Jahre leben einige Indianerstämme in Zentralbrasilien. (Bild rechts) Bis heute haben sie ihr Leben kaum geändert – und geben so Aufschluß darüber, wie Pfeil und Bogen in alten Zeiten benützt wurden. – Aus der Altsteinzeit stammt die Hirschjagdszene am Felsen bei Alpera in Süd-Ost-Spanien (Bild oben)

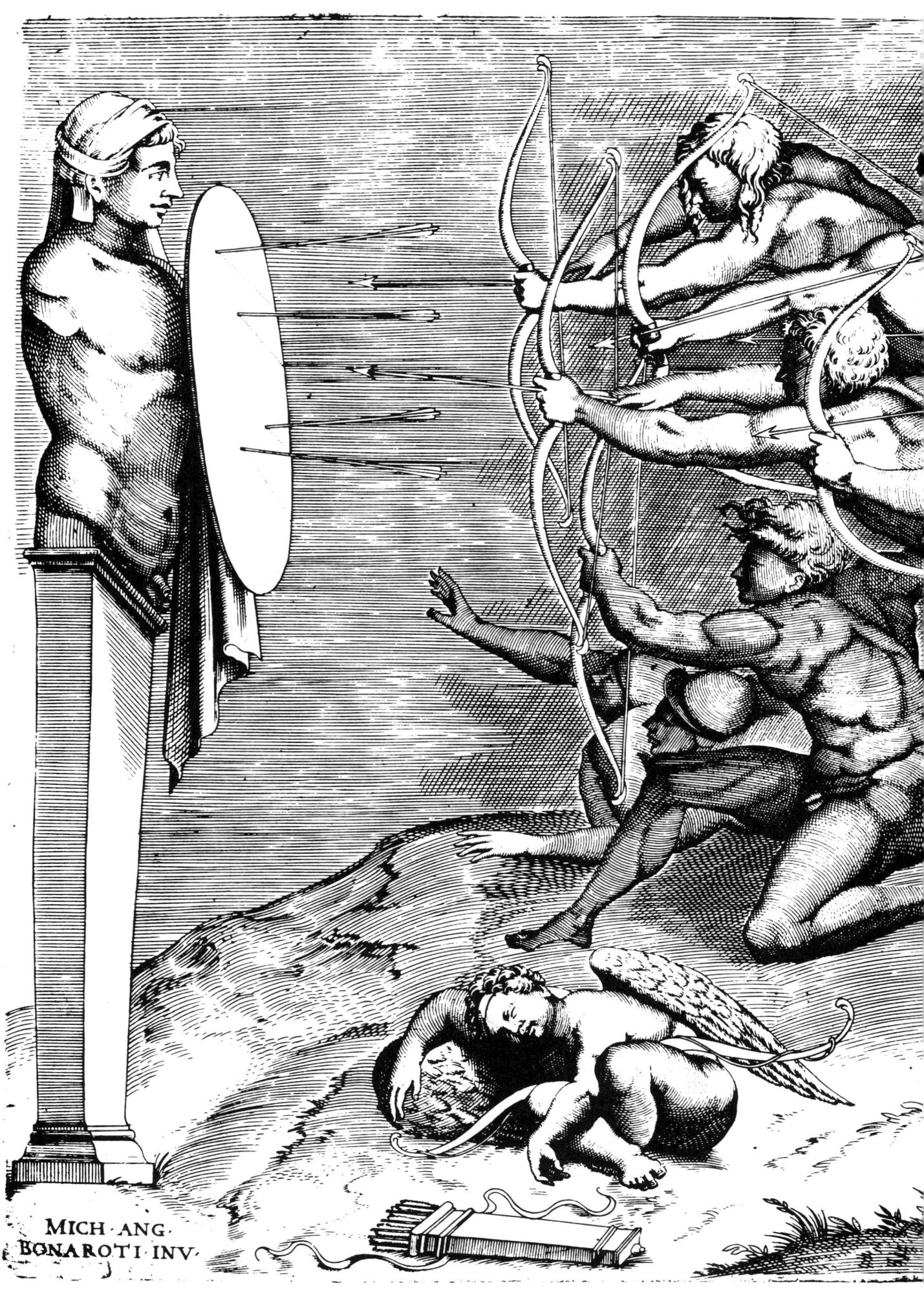

MICH·ANG·
BONAROTI·INV·

An Hauseingängen, Kreuzungen, Gymnasien
war Hermes aus der griechischen Mythologie zu finden.
Warum diese Götterbildfigur als Zielscheibe benützt wurde,
wie von Michelangelo dargestellt, bleibt unklar

Ant. Lafreri Roma

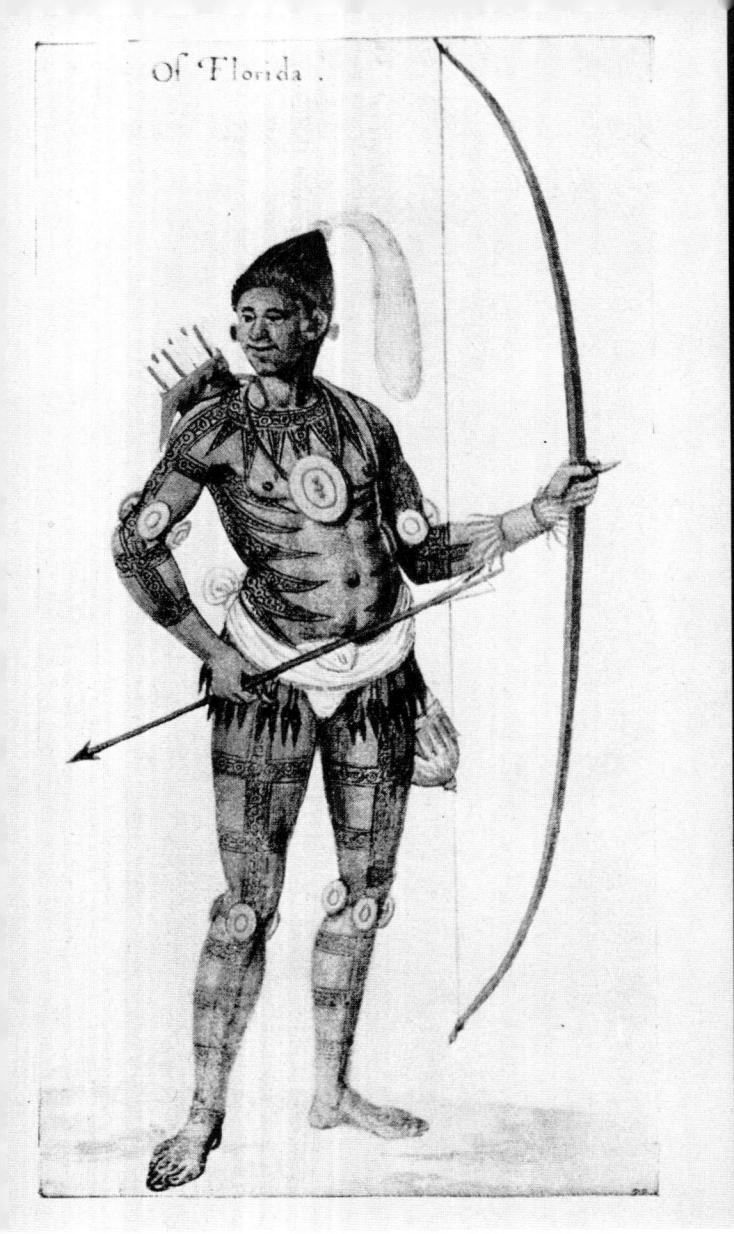

Der indianische Bogen ähnelt in seinem Aussehen stark dem legendären englischen Longbow. Auch diese einfachen Holzbögen blieben jahrzehntelang unverändert. – Die Kürze des türkischen Compositbogens ermöglichte dem Bogenschützen eine große Beweglichkeit bei der Jagd auf Pferden (Bild oben)

Oft wurde in den Schlachten größeren Wert auf die massive Feuerkraft der Gruppe gelegt als auf die Geschicklichkeit der Einzelnen. Bei der Eröffnung von Schlachten, bei Belagerungen, in Reiter- und Schiffskämpfen traten die Schützen in Aktion. Verheerende Wirkung hatte Pfeil und Bogen, wenn sie von leicht bewaffneten Reitern und der Besatzung wendiger, schneller Streitwagen eingesetzt wurden. Damit wurde die Zusammenarbeit zwischen Infanterie und Artillerie gemeinsam mit den mobilen Einheiten der Streitwagen zur ständigen Einrichtung. Denkmäler, die an längst vergessene Schlachten erinnern, zeigen die geschlossene Front von der mit Speeren und Schwertern ausgerüste-ten Infanterie zusammen mit Streitwagen und weitschießenden Bogenschützen. Die Schlacht zwischen den Hethitern und den Ägyptern wurde nach diesen Richtlinien abgestimmt und als eine der wichtigsten dieser Zeit in einem Monument verewigt.

Durch das Geschick der asiatischen Bogenbauer, ihrer gewandten Schützen, dem Mut ihrer Krieger und mit Hilfe des Compositbogens haben die östlichen Armeen zahlreiche Siege über mehrere Königreiche errungen. Dadurch haben die Asiaten viele überlebende und besiegte Kulturen jahrhundertelang duch Europa und Asien auf die Wanderung geschickt. Kämpferischen Königreichen wie Summer, Akkad und Assyrien gelangen dank dieser Waffe große Eroberungen. Als die erfolgreichsten Bogenschützen des Altertums jedoch galt das Steppenvolk der Skythen. Schon damals war dieser Nomadenstamm für seine Leistungen mit Pfeil und Bogen berühmt. So verbreitet war ihr Ruf, daß Kyaxares, der König von Medien, um skythische Bogenschützen bat, die seiner Jugend die Kunst beim Gebrauch des gefeierten Compositbogens

Solange der neue Mond sich als schöner gebogener Bogen im Himmel zeigt – solange wird die Faszination des Bogenschießens die Herzen der Männer betören *J. Maurice Thomson*

beibrachten. Bei Schlachten mit verschiedenen Stämmen, unter anderem auch gegen die Skythen, hatte er den Umgang mit dieser Waffe erlernt. Neben anderen militärischen Reformen führte er dann den Bogen in Medien als Kriegswaffe ein. Geschichtlich kennt man Kyaxares weit weniger als seinen Enkel Kyros, den Begründer des Perserreiches, der 550 vor Christus Medien in sein Reich mit einverleibte. Und hier, wie auch später in der Türkei, erreichte der Compositbogen seine höchste Perfektion.

Die griechische Mythologie ist nicht umsonst voll von Legenden rund um Pfeil und Bogen. Während Deutschland noch in der letzten Bronze-Zeit lebte, wurde der Bogen in Griechen-land für nahezu vierhundert Jahre in Schiffs- und Reiterkämpfen eingesetzt. Aus Bogenschützen bestand beispielsweise die Athener Polizei und die Männer von Kreta galten als die besten Könner ihres Landes.

»Leih«-Schützen für Rom

Rom ist auch heute noch eine der ältesten und bekanntesten Kulturmittelpunkte der Welt. Ganz im Gegenteil zu anderen Nationen der Antike hat aber Rom sein Reich zum geringsten Teil mit Hilfe von Pfeil und Bogen aufgebaut. Vielmehr legte die römische Armee Wert auf Wurfschleudern und andere große Belagerungsgeschosse. Für den Nahkampf bevorzugten sie das »Pilum«, einen leichten Speer, von dem jeder Legionär zwei oder drei mit sich führte. Obwohl das Bogenschießen kein Bestandteil der römischen Militärorganisation war und die Römer selbst keine eigenen Schützen hatten, setzten sie in vielen Schlachten gedungene Bogenschützen ein. So wissen wir, daß der große Julius Cäsar bei seinem Kampf um Gallien die Schützen als Vortruppe benützte, um seiner Infanterie den Weg freizuschießen.

Dann aber kam die große Niederlage; Die Partianer, eine asiatische Rasse, ausgerüstet mit berittenen Bogenschützen nahmen 54 vor Christus ganze 40000 Römer gefangen oder ermordeten sie. Vielleicht war es dieser Mißerfolg, vielleicht waren es auch die Hun-

21

nen, die verwüstend durch Europa zogen – und dabei Rom nicht verschonten – Papst Leo I jedenfalls sah sich veranlaßt, in seiner militärischen Verfassung folgendes zu sagen:

»Die römische Jugend soll bis zum Alter von elf Jahren, ob geübt im Bogenschießen oder nicht, Bogen und Köcher mit Pfeilen bei sich tragen. Bis heute wurde diese Art des Schießens vernachlässigt – und viele und große Verluste haben unser Rom befallen«.

China und der Bogen

Während sich die Nutzung des Compositbogens im Mittleren Osten ausbreitete und sein Gebrauch in den Ländern des westlichen Mittelmeerraums üblich wurde, beschäftigte sich eine andere, mächtige Zivilisation mit dieser Waffe: Die Chinesen, die zur langen Geschichte von Pfeil und Bogen ihre speziellen Beiträge lieferten. Die Historie der Chinesen ist so alt wie die jeder großen Zivilisation. Die ersten Vorfahren lebten schon vor 500 000 Jahren und die Geschichte dieser gewaltigen Nation mit ihren ungefähr siebenhundert Millionen Menschen erstreckt sich über mehrere Tausend Jahre. Die Ahnen der ersten chinesischen Dynastie über deren Existenz man glaubwürdige Information hat, stammen aus der 5000-Jahre alten Stein-Bronze-Zeit: Bekannt als die »Shang«, war schon diese Dynastie mit Pfeil und Bogen vertraut. Zur Vollkommenheit im Bogenschießen ge-

langte China zu der Zeit, als um 1200 vor Christus Nomaden aus dem südlichen Sibirien ihre Compositbögen mit Hilfe von Knochenstücken härteten und dadurch wirkungsvoller machten. Daß das eine mit dem anderen etwas zu tun hatte, lag daran, daß dieses Landstück, das im Norden an China grenzte, von einer Gruppe brutaler Nomaden bevölkert war. Die Hiung-nu, wie diese wilden, kriegerischen Leute hießen, erfüllten vermutlich die Rolle der chinesischen Grenzwache und schützten China gegen andere plündernde Barbaren.

**Huldigung an Euch,
ihr Träger der Pfeile
Huldigung an Euch,
ihr Bogenschützen
Huldigung an Euch,
Ihr Pfeilmacher
und an Euch,**
Taittiriya Samhita **Ihr Bogenbauer**

Da wundert es nicht, daß die Chinesen nach jahrhundertelangem Kontakt mit den berittenen Bogenschützen selbst eine große Fertigkeit im Umgang mit Pfeil und Bogen entwickelten. Jedoch mit einem Unterschied: Sie behandelten das Bogenschießen mit dem gleichen Respekt und der gleichen Zeremonie, die sie so vielen wichtigen Dingen ihres Lebens beimaßen. Für sie war Pfeil und Bogen nicht nur eine starke Waffe – tödlich im Kriege und bei der Jagd – sondern spielte eine ebenso wichtige Rolle in ihrer Freizeit.

*Unverändert in der Methode des Schießens,
benützen noch heute einge Stämme im Amazonasgebiet
Pfeil und Bogen zur Fisch- und Wildjagd (Bild unten). – Die Wandzeichnung
am großen Tempel von Abu Simbel zeigt Ramses II (ca. 1292–1225 v. Chr.) bei der Schlacht
von Kadesch. Der leichte Streitwagen gab der Ägyptischen Armee
besondere Beweglichkeit (Bild ganz unten)*

Chinas größter Philosoph Konfuzius, geboren während der Feudal-Periode Chinas im Jahre 551 vor Christus, war schon während seiner Kindheit in der Kunst des Bogenschießens geschult worden. In seinen späteren Schriften erwähnte er immer wieder diese Kunst, und seine geistigen Lehren beinhalten folgende Maxime: »Beim Ziehen des Bogens kann man die Tugend und das Verhalten eines Menschen erkennen«. Zirka zweihundert Jahre nach Konfuzius wurde die Nordgrenze Chinas durch ein System von Forts gesichert, die durch Erdwälle miteinander verbunden waren. Diese Vorläufer der »chinesischen Mauer« sollten das Land vor den sich zu einer Stammesförderation zusammenschließenden Nomadenvölkern, den Hiung-nu, besser bekannt als die östlichen Hunnen, beschützen. Also vor den Leuten, von denen sie ihre Kenntnisse im Umgang mit Pfeil und Bogen erlernt haben und mit denen trotz zahlreicher Zwischenfälle weiterhin bis 140 v. Chr. ein Ver-

ROBIN HOOD:– "I TOOK FROM THE RICH AND GAVE TO THE POOR
YOU ROB BOTH."

Armut und Unterdrückung prägten Ende des zwölften und Anfang des dreizehnten Jahrhunderts das Leben des einfachen Volkes in England. Aus dieser Hoffnungslosigkeit erwuchs die Legende um Robin Hood. Ob wahr oder nicht – er war der Held, den sie für die Zukunft brauchten: Vornehm von Geburt, ungesetzlich im Leben und Freund der Armen. (Bild links) Auf dem Gemälde ist der Tod des Markgrafen Luitpold in der Schlacht gegen die Ungarn (907) dargestellt. Neben Schwert und Speer spielten auch hier Pfeil und Bogen eine große Rolle

tragsverhältnis mit Warenaustausch bestand.

Daß die chinesischen Krieger eine ganze Menge von ihren Lehrmeistern gelernt haben, zeigt die Tatsache, daß sie später in über 30 Jahre dauernden Kriegen die östlichen Hunnen mit neuorganisierten, nach Hiung-nu-Taktik kämpfenden Heeren zermürbten. Im Jahre 54 v. Chr. war es dann soweit: Die Hiung-nu waren erschöpft, ein Teil unterstellte sich chinesischem Protektorat, ein anderer Teil China selbst.

Der Pfeil singt dem Bogen –
ich bin allein.
Wären wir verheiratet –
Wir würden morgens
rausgehen. Wir würden
einen Hirschen erlegen. *Seri Indian Song*

Die »Peitsche Gottes« wurde Attila, der Hunnenkönig (der westlichen Hunnen) genannt. Berichte, Legenden und Erzählungen sind voll von der Angst, die die Menschen empfanden, wenn sie seinen Namen hörten. Sicherlich nicht ohne Grund, denn die Hunnen, die Tartaren und viele andere blutdurstige Stämme gingen noch während der ersten Jahrhunderte der christlichen Zeit auf gefürchtete Beutezüge und ließen Schutt und Asche hinter sich.

Jene dunkelhäutigen, gebückten Reiter mit ihren breiten Backenknochen und den engzusammenstehenden Augen kamen vom Ende Asiens über den Ural und stürmten ungehindert vor die Tore Roms. Die zahlreichen Siege der Hunnen hingen eng zusammen mit der enormen Masse abgeschossener Pfeile. Es wird erzählt, daß sie zufrieden waren, wenn sie im Sattel saßen, das Gesicht dem Feind zugewandt und unter lautem Kriegsgeschrei Wolken von Pfeilen losließen. Doch wider aller Erwarten fand Attila, der große Hunnenkönig, seinen Tod nicht etwa im Kampf – nein, der große Krieger starb 453 n. Chr., während der Hochzeitsnacht mit Ildiko.

Der größte Eroberer der Welt

Wie die Hunnen, so versetzten auch Dschingis Khan und seine Truppen die Welt in Angst und Schrecken. Auch hier war es die meisterhafte Kombination von Bogenschießen und Reitkunst, die viel zum Erfolg des Größten Eroberers, den die Welt jemals erlebt hat, beitrug. Doch ohne seinen genialen Führungsstil wäre der Mongole wohl niemals so erfolgreich gewesen. Der Khan war der Erste, der begriffen hat, daß ein berittener Bogenschütze dann nahezu unschlagbar ist, wenn er irgendeinen Weg findet, die zahlenmäßige Überlegenheit oder die bessere Ausrüstung seines Feindes zu überwinden. Seinen Weg fand er, indem er seine treuen Anhänger gut durchorganisierte und ausgefeilte Schlachtpläne entwarf.

Vor rund siebenhundert Jahren entwickelte dieser Steppensohn, basierend auf der Hauptwaffe Pfeil und

Bogen, Kriegskonzepte, die teilweise bis heute noch maßgeblich geblieben sind. Seine Ideen fanden bei Napoleon Gefallen, sie wurden von Foch und Pershing benützt und von Rommel und Patton abgeändert eingesetzt.

Mit zu dem unglaublichen Erfolg der Mongolen trug auch die Tatsache bei, daß jeder Reiter siebzig Pfeile bei sich führte, die unterschiedlich geformt waren und dem Krieger die Möglichkeit gaben, je nach Schlachtsituation den geeignetsten Pfeil zu benützen.

Keine Armee dieser Zeit konnte den Truppen von Dschingis Khan lange widerstehen. Selbst die berühmte »chinesische Mauer«, bedeutete kein Hindernis für die mongolischen Krieger. Mit 700 000 Mann eroberte der große Khan China. Als er starb, reichte das Reich, das er sich erobert hatte, vom Chinesischen Meer bis zu den Pforten Europas.

Wie schon erwähnt, erreichte das Bogenschießen und der Bogenbau seine höchste Stufe der Vollendung bei den Persern und Türken. Beide Länder haben die Liebe zum Bogen von ihren Ahnen übernommen. Beide Länder haben ihn als notwendige Kampfwaffe gebraucht. Doch aus einem Zwang entstand über die Jahre hinweg eine Verehrung, die nah an Fanatismus grenzte.

Mit dem türkischen Reflexbogen aus Stiernackensehnen und Horn erreichten die Türken Rekorde, die zum Teil bis heute noch nicht überboten sind.

Zu den Meistern der Meisterschützen in diesem Land zählten die »Solaci«, die Linkshänder. Sie gehörten zur Kerntruppe des türkischen Heeres, gingen stets zur Rechten des Sultans und schossen aus der Rechtslage, da laut höfischem Zeremoniell es verboten war, dem Großherrn den Rücken zuzuwenden, was ja beim rechtshändigen Schießen passiert wäre. Während der Regierungszeiten der Sultane Mohammed II bis Suleiman, 1451–1566, erreichte das Bogenschießen in der Türkei seinen Höhepunkt. Bogenspannen, Weitschießen und Zielschießen, zu Fuß und vom Sattel aus, war einer der wichtigsten Ausbildungszweige der Pagen der Sultane. Im Jahre 1453, während der Eroberung Konstantinopels, kamen dann erstmals Feuerwaffen zum Einsatz. Trotzdem wurde noch 1671 ein Gesetz erlassen, das »Schwimmen und Bogenschießen« als wertvollste Mittel körperlicher Er-

**Wer mit festem Griff
den geschickt zielenden Bogen
in der Hand hält,
hat etwas,**
Euripides **was ihm sehr nützlich ist**

ziehung vorschreibt. Gleichzeitig wurden auch Regeln festgelegt, die auf dem »Okmeydan« (Platz der Pfeile) beim Ziel oder Weitschießen genau eingehalten werden mußten.

Obwohl Ende des 16. Jahrhundert der Bogen vollständig aus der türkischen

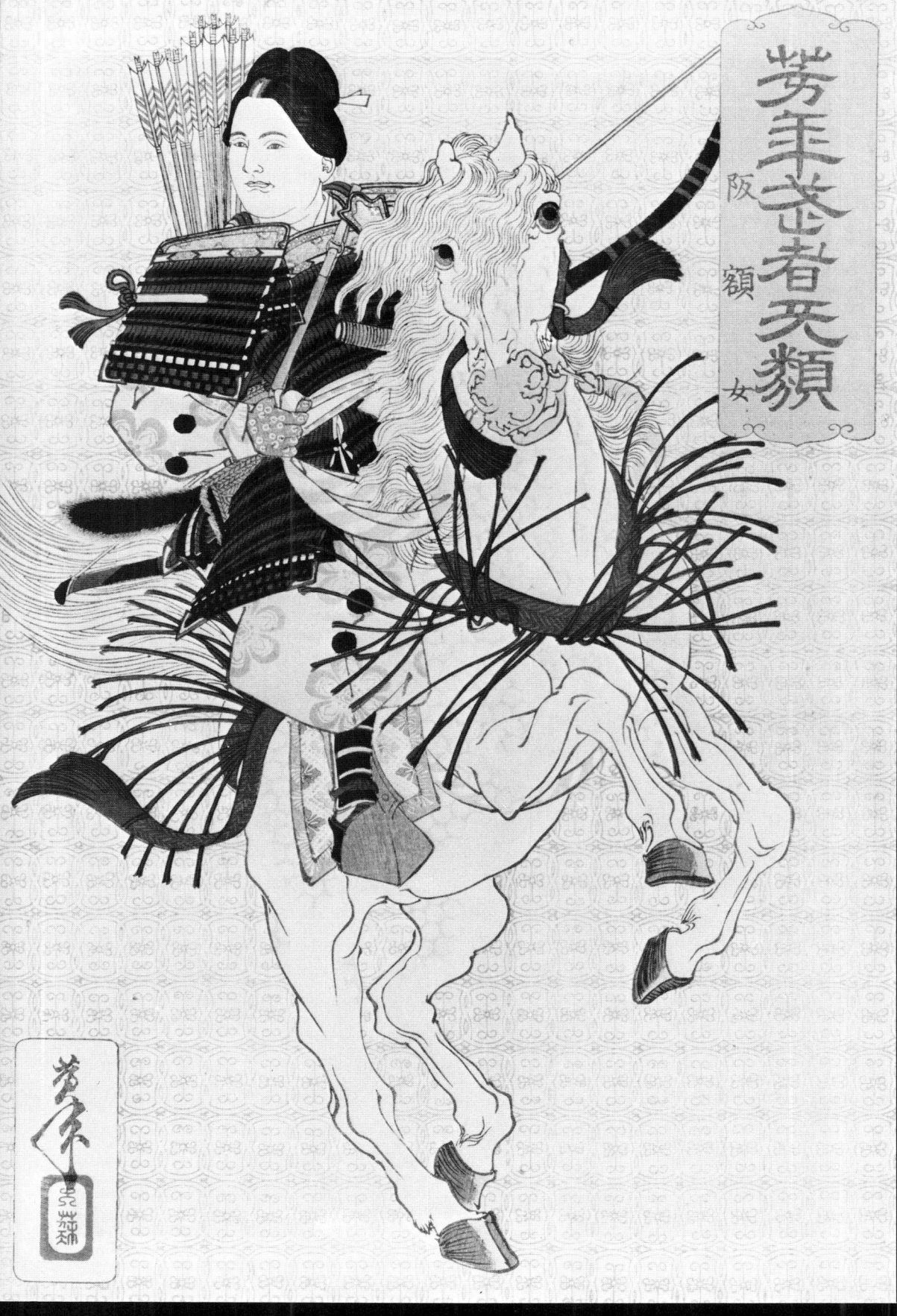

George Armstrong Custer ist einer der
berühmten Namen unter den amerikanischen Generälen der Indianerkriege.
Seine Memoiren schildern die Kämpfe seiner Truppen mit den Cheyenne,
den Sioux und den Delaware Indianern. 1876 bei der Schlacht
auf »Big Horn« wurde der General mit der
gesamten Kavallerie getötet

Armee verschwand, wurde er nun von nahezu jedem Türken geschätzt und benützt. Die Weiten, die die türkischen Meisterschützen damals erreichten, waren wirklich bemerkenswert. Prinzen, Sultane, Botschafter, Admirale – sie alle haben Rekorde aufgestellt, die in die Geschichte des Bogensports eingingen. Die größte Entfernung schoß 1798 Sultan Selim: Sein Pfeil ging erst nach 845,45 Metern wieder zu Boden.

Zur selben Zeit, als die Türken um Entfernungen kämpften, organisierten die persischen Schahs sorgfältig geplante Jagd-Expeditionen. Beide, Perser und Türken hinterließen uns Bögen von geradezu unglaublicher Schönheit und fast unschätzbarem Wert.

Vier große Inseln, 600 kleinere und ganze 8000 winzige Inselchen, einige davon nur ein bißchen mehr als aus dem Meer herausragende Bergspitzen – das ist Japan. Kommt in Verbindung mit Pfeil und Bogen die Rede auf das Inselreich vor der Ostküste Asiens, denkt man einerseits an die angreifenden, kreischenden Samurai-Krieger auf ihren Pferden, andererseits an die meditativen Anhänger des Zen-Buddhismus mit ihren Ritualen und ausdauerndem Training. Doch die Geschichte dieses Landes ist, wie so oft, fest mit der Historie von Pfeil und Bogen verwoben. Verfolgt man beides zurück, erkennt man, welche besondere Stellung Pfeil und Bogen in der großen militärischen Vergangenheit dieser einst kriegerischen Nation gespielt hat: Die Krieger galten als die hochklassigen Außenseiter, den prinzlichen Soldaten wurde eine gottähnliche Sonderstellung zuteil. Als noble Waffe und Symbol des Adels war der Bogen oft für alle außer der ritterlichen Klasse verboten. Vielleicht ist das der Grund dafür, daß in Japan einzigartige Bogenschießtraditionen ins Leben gerufen wurden – und viele von ihnen sind bis zum heutigen Tag überliefert.

... Da sperren,
auf gedrangem Steg,
zwei Mörder
plötzlich seinen Weg.
Zum Kampfe
muß er sich bereiten,
doch bald ermattet
sinkt die Hand,
Sie hat der Leier zarte Saiten,
doch nie des Bogens
Kraft gespannt

Die Kraniche
des Ibykus
(Schiller)

Der japanische Bogen ähnelt kaum irgendeinem Bogen auf der Welt. Das eigenartige Aussehen dieser Waffe hat sich über Jahrtausende kaum verändert. Doch das außergewöhnlichste an diesem asymmetrischen Bogen ist der Griff, der nicht wie üblich in der Mitte des Bogens liegt, sondern weiter unten, bei etwa zwei Drittel der Bogenlänge.

Wenn ein Land auf Rituale und Ordnung so starken Wert legt, dann wundert man sich auch nicht, daß es mit einer Reihe berühmter Bogenschützen

aufwarten kann. Einer davon ist der im 11. Jahrhundert lebende Minamoto Yoshiiye, über dessen meisterhafte Kunst man folgendes erzählt: Seine Pfeile schoß er mit einer solchen Kraft ab, daß er durch drei Garnituren gepanzerter Rüstungen drang, die an einem Baum aufgehängt waren. Keine Frage, daß auch sein Nachkomme Tametomo sich mit Pfeil und Bogen besonders auszeichnete: Während eines Gefechts im Jahre 1156 tötete er mit seinem Pfeil einen gegnerischen General. Doch dabei blieb es nicht, denn gleichzeitig traf er noch den Bruder des Generals, den er auch durch die Rüstung hindurch tötete.

Die Samurai wurden erstmals im 12. Jahrhundert erwähnt. Jedes Gut in Japan hatte je nach Größe mindestens 20 oder 30 berittene Samurai-Krieger, die ihr Land bewachten. Wie man weiß, haben diese Männer die Kriegskunst als eine ganz besondere Kunst betrachtet, was dazu führte, daß ein namentlich unbekannter japanischer Schriftsteller sie einmal folgendermaßen beschrieb:

»Ihre massiven Bogen brauchen drei durchschnittliche Männer, um gebogen zu werden. Ihre Köcher, die zum Bogen passen, können 14 oder 15 Bündel von Pfeilen halten. Sie schießen sehr schnell und jeder Pfeil tötet oder verwundet zwei bis drei Feinde. Der Einschlag eines ihrer Pfeile ist stark genug, zwei oder drei Panzerrüstungen auf einmal zu durchdringen und sie verfehlen ihr Ziel nie«.

Die großen Leistungen, die in den Kriegen mit Pfeil und Bogen vollbracht wurden, sind später im friedlichen Bereich fast noch übertroffen worden. Es gab Schulen, in denen zeremonielles Bogenschießen gelehrt wurde. Und auch hier sind unglaubliche Rekorde aufgestellt worden. In der »unteren Flugbahnschule« beispielsweise mußte der Schütze innerhalb eines Gebäudes auf größere Entfernungen schießen, wobei die Höhe des Pfeilflugs eingeschränkt wurde. Im Jahre 1686 schoß der Japaner Wada Daihachi in einer solchen Halle 27 Stunden lang ununterbrochen alle zwölf Sekunden einen Pfeil ab. Dabei traf er 8133mal sein Ziel am Ende des Flures, ohne nur einmal die niedrige Decke zu streifen. Der Meisterschütze Masatoki stellte am 19. Mai 1852 einen ganz anderen Rekord auf. In einem Gebäude fürs »Bogenbahnschießen« begann er am Abend um sieben Uhr, um bis zum nächsten Nachmittag um drei Uhr seine Pfeile abzufeuern. In diesen Stunden hatte er 10050mal seinen Bogen gespannt, gezielt und losgelassen; also durchschnittlich schoß er alle sieben Sekunden einen Pfeil.

Von Urzeiten an lieferten uns die asiatischen Bogenbauer und ihre Schützen Geschichte an Geschichte. Ganz anders dagegen war es in Europa. Felszeichnungen in Schweden und Funde von Bögen in Deutschland, Dänemark und der Schweiz beweisen die Existenz dieser Waffe in Europa. Es ist auch bekannt, daß die Germanen Pfeil und Bogen schon seit dem Altertum beherrschten, doch als Kriegswaffen bevorzugten sie weiterhin Keule, Speer und Schwert. So war es dem Abend-

»... Alle Männer in unserem Herrschaftsgebiet, egal welcher Art, ob im Krieg oder Frieden ob in Dörfern oder Städten, müssen Bogen und Pfeile ihr eigen nennen

Papst Leo

The Effigies of a Monstrous Tartar, taken in Hungary, Feb. 1664

Are to be fould at ye Globe in the Ould Bailye.

With Allowance May 23 1664 Roger Liestrange

land nie möglich, den Masseneinsatz und die Vollendung im Gebrauch des Bogens nachzuahmen, der die asiatischen Völker so berühmt und berüchtigt gemacht hat.

Im frühen Mittelalter schließlich beschreibt Karl der Große den Bogen als Ausstattungsstück des Reiters und des Fußsoldaten und in den Berichten über die Wikingerschlachten wird er nun immer erwähnt.

Die Normannen – Wikinger, die von Skandinavien aus als Seefahrer, Eroberer und Staatengründer an die Küsten Europas vordrangen, waren mit ihrem Langbogen in vielen Schlachten siegreich. Ein wohl einzigartiges Zeugnis dafür stellt der weltberühmte Teppich von Bayeux aus dem 11. Jahrhundert dar, auf dem die Eroberung Eng-

Die gut erhaltenen Holzfiguren im Museum von Kairo stellen nubische Bogenschützen dar. Die Modelle stammen aus einem Grab in Assiut in Oberägypten und datieren auf das Mittlere Königreich, 2100–1788 v. Chr. zurück (Bild unten). Ihre Reit- und Schießkünste machten die Tartaren berühmt und gaben Anlaß zu solchen Zeichnungen (Bild links).

Aus dem elften Jahrhundert stammt
der kostbare bestickte »Teppich von Bayeux«.
Mit der Inschrift »Hic Harold Rex Interfectus Est« (Hier starb König Harald)
zeigt der Teppich von Bayeux die Eroberung Englands
durch die Normannen.

lands kunstvoll eingestickt ist.

In seinem Willen, England zu beherrschen, verließ sich Wilhelm I., Herzog der Normandie, auf die Geschicklichkeit seiner Bogenschützen. Nachdem er mit seinem 60 000 Mann starken Heer in Sussex gelandet war, besiegt er am Samstag, 14. Oktober 1066 in der Schlacht von Hastings seinen Gegner, Harold II. In der ersten Reihe seiner Truppen standen die Bogenschützen, hinter ihnen kamen Infanterie und Kavallerie. Herzog Wilhelm hatte seinen Schützen angeordnet, die Pfeile so zu schießen, daß sie den nachfolgenden Truppen sicheren Schutz böten. »Die Pfeile fielen dicker als der Regen vor dem Wind«, hieß es

Mit dem oberen Ende des Bogens durchstößt der Bogenschütze den Himmel, am unteren Ende hängt, mit einem Seidenfaden befestigt, die Erde. Wird der Schuß mit starkem Ruck gelöst, und reißt der Faden wird für den Gewalttätigen die Kluft endgültig und der Mensch verbleibt in der heillosen Mitte zwischen Himmel und Erde
Zen Meister Kenzo Awa

später. Und sie verhalfen dem Sohn von Robert dem Teufel zu dem berühmten Beinamen »Wilhelm der Eroberer«. Durch die Schlacht von Hastings wurde Wilhelm nicht nur zum König

von England und die Geschichte der Angelsachsen geändert, sondern sie brachte ihnen auch eine Waffe, die sich abgeändert zum berühmten englischen Langbogen entwickelte. Der Langbogen verfügte über außerordentliche Qualitäten und unterschied sich von den asiatischen Bögen nicht nur darin, daß er hauptsächlich aus dem härtesten und elastischsten Holz Europas, der Eibe bestand, sondern auch in seiner Länge von rund zwei Metern. Daß heute in Europas Wäldern kaum noch Exemplare dieses langsam wachsenden Baumes zu finden sind, verdanken wir den früheren Bogenbauern.

Im 14. und 15. Jahrhundert gab es in England dann keinen Kommandeur mehr, der ohne den Langbogen seine militärischen Truppen ordnete. Und über eine große Zahl von berühmten Schlachten, zum Beispiel im Hundertjährigen Krieg, blieb er als Waffe unantastbar. Als Waffe stand er immer wieder im Mittelpunkt von neuen Gesetzen, die seinen Gebrauch regelten. Insgesamt wurden in England zwischen den Jahren 1100 und 1662 ganze 29 Verordnungen erlassen.

Im Mittelalter entwickelte sich der Langbogen zur Waffe des »kleinen Mannes«, nachdem ein Gesetz erlassen wurde, das auch den kleinsten Bauern und ärmsten Mann verpflichtete, wenigstens einen Bogen mit dazugehörigen Pfeilen zu besitzen. In Kriegszeiten wurden die »Yeomen«, die Freibauern, gegen ein kleine Be-

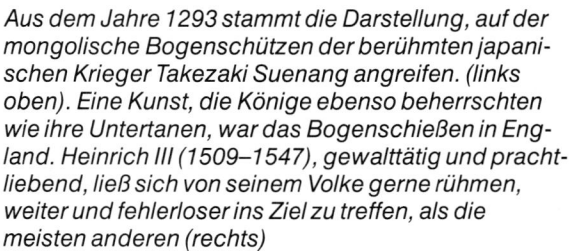
Aus dem Jahre 1293 stammt die Darstellung, auf der mongolische Bogenschützen der berühmten japanischen Krieger Takezaki Suenang angreifen. (links oben). Eine Kunst, die Könige ebenso beherrschten wie ihre Untertanen, war das Bogenschießen in England. Heinrich III (1509–1547), gewalttätig und prachtliebend, ließ sich von seinem Volke gerne rühmen, weiter und fehlerloser ins Ziel zu treffen, als die meisten anderen (rechts)

zahlung einberufen. So schuf sich England eine riesige Armee von Amateur-Soldaten, die bis hinein in die napoleonische Zeit auf Abruf bereitstand. Über die englischen Bogenschützen äußerte sich Prinz Louis Napoleon einmal folgendermaßen: Es gibt kaum einen englischen Schützen, der nicht fähig wäre, in einer Minute seinen Bogen zwölfmal zu ziehen und abzuschießen und der bei einer Entfernung von 219 Metern nicht auch zwölf Schüsse trifft.«

Könige und Prinzen erkannten die Kraft und die Macht des Langbogens und plötzlich wurde der Yeoman unvorstellbar wichtig. Mit ihren Langbögen und tödlichen Cloth-Yards-Pfeilen besiegten die Engländer im 100-jährigen Krieg wiederholt die Macht des kontinentalen Rittertums. In Schlach-

ten von Crecy, Poitiers und Agincourt gegen die Franzosen zeigen sie die Übermacht ihrer Bögen. In der Tat waren die Franzosen durch ihre Niederlage so verletzt, daß es für nahezu hundert Jahre verboten war, auf heimatlichem Boden Eibenbäume zu pflanzen.

Das Ende des Langbogens

Die Stärke der Engländer wurde erst dann übertroffen, als sie auf den Kreuzzügen gegen die berittenen türkischen Bogenschützen antraten.

Sogar nachdem ab 1340 das Schwarzpulver in Europa eingeführt wurde, benützten die Engländer den Langbogen weiter. Erst nach und nach kamen die Feuerwaffen, wie beispielsweise die Muskete in Gebrauch. Und 1588, als England gegen die spanische Armada aufrüstete, waren nur noch die Hälfte ihrer Soldaten Bogenschützen. Es scheint nur zu natürlich, daß der Langbogen, der die Geschichte Englands so erfolgreich mitgeschrieben hat, auch seinen Einfluß auf das alltägliche Leben der Engländer ausübte: So wurde bestimmt, daß das Bogenschie-

Beim Bogenschießen kommt es nicht darauf an, durch die Scheibe hindurchzuschießen, sondern sie zu treffen; die Körperkräfte der Menschen sind eben verschieden. *Konfuzius*

ßen die einzige Sportart ist, die man an Sonn- und Feiertagen ausüben darf. Söhne wurden angewiesen, diesen Sport zu erlernen und wenig später mußten alle in England, ausgenommen Geistliche und Richter, das Bogenschießen beherrschen.

Doch auch in den höheren Kreisen hatte der Langbogen so seine Auswirkungen: Kaum zu glauben, aber nicht weniger als fünf britische Könige starben durch diese Waffe: Harald von Norwegen, Harold von England, William Rufus, Henry IV. und James IV. Jedes Land hat seinen Bogenschützenhelden. – England hat einen ganz besonderen: Robert Fitz-Ooth Earl of Huntington, besser bekannt als Robin Hood. Mit einer Schar von 200 getreuen Meisterschützen lebte er in den Wäldern Nordenglands. Ob geschicht-

lich oder nur dichterisch – Robin Hood verkörperte den edlen Räuber, der die Reichen bestiehlt und die Armen beschenkt. Ein Volksheld, und das nicht nur in England, ist er bestimmt.

Wie bei den Mongolen, in der Türkei, in Japan und China verschwand auch in England der Bogen als Sportwaffe niemals wirklich. 1787 wurde die Society der Royal British Bowmen gegründet, und hier war es auch, wo man zum ersten mal akzeptierte, daß auch Frauen die »schwierige« Aufgabe des Bogenschießens bewältigen können. Im Grand National Meeting von 1884 wurden dann die Wettbewerbsbedingungen fürs Bogenschießen in England festgelegt. Mit Ausnahme der Kriegsjahre wurde dieser Wettkampf seitdem jährlich abgehalten. Die Schotten kämpfen noch jetzt jährlich um einen Silberpfeil anno 1603, und selbst die offizielle, etablierte Leibwache des Königs von Schottland präsentiert sich heute noch bei offiziellen Besuchen mit Pfeil und Bogen.

Die rothäutigen Bogenschützen

Entwicklungen kann man nicht aufhalten: das Schießpulver – und mit ihm – Musketen, Gewehre und Kanonen setzten sich überall durch. Pfeil und Bogen verschwand aus unseren zivilisierten Ländern. Was diese Waffe den Nationen gebracht hatte war bald vergessen.

Vergessen wenigstens so lange, bis weiße Siedler am Plymouth Rock landeten und mit amerikanischen Indianern konfrontiert wurden. Selten werden die ehemals so berühmt-berüchtigten, englischen Bogenkünstler mit Pfeil und Bogen dargestellt. Ganz anders aber ist es bei den Indianern. Es gibt fast keine Darstellung, wo sie nicht mit dieser Waffe gezeigt werden. Ihre Heldentaten sind legendär. Und es waren nicht nur die unzähligen »Karl May's« und sein »Winnetou«, die uns Erkenntnisse über die hervorragenden Fähigkeiten der Rothäute vermittelte: Das lautlose Anschleichen an den Feind, die unglaubliche Begabung, auch die verstecktesten Spuren zu finden, haben auch in der harten Wirklichkeit schon manchen Weißen zur Weißglut gebracht. Mit ihren kurzen, flachen Bögen und der Kunstfertigkeit damit umzugehen, machten die Indianer Geschichte. Sie konnten von fast jedem Punkt aus schießen: stehend oder reitend. Manchmal waren ihre Pfeile giftig – aber immer waren sie treffend.

In den tragischen Schlachten gegen den weißen Mann und für ihr Land war es am Anfang der Bogen, der die überlegene Rolle spielte. Der einzelne Schuß des Eindringlings war chancenlos. Es war die Einführung des Repetiergewehrs, die den Spieß zugunsten des weißen Mannes wendete. Obwohl die Indianer schnell lernten, sich diese neue Waffe zu besorgen, hatten sie keine Möglichkeit, sich gegen die Armeen der Weißen zu behaupten.

Die wenigen Menschen, die heute noch mit Pfeil und Bogen kämpfen, gehören bestimmt nicht in die militärischen Reihen. Nur noch in abgelegenen, sogenannten unzivilisierten Gegenden der Welt wurde Pfeil und Bogen bis vor kurzem noch benutzt. So bei den Veddahs auf Ceylon, bei primitiven Stämmen von Neu-Guinea, bei den Andaman-Insulanern, bei den freundlichen Bogenschützen aus Bhutan und einigen Teilen Indiens und den Inseln im Pazifik.

Ganz klare Nachweise darüber, wie der prähistorische Mensch seine Bö-

... Doch auf, Freier, da sich denn dieser Kampfpreis bietet: setzen will ich den großen Bogen des göttlichen Odysseus, und wer am leichtesten mit den Händen den Bogen spannt und schießt mit dem Pfeil durch die zwölf Äxte alle, dem will ich folgen und dies Haus verlassen, das eheliche, gar schöne, voll von Lebensgut –

Homer, Die Odyssee, 21. Gesang (8. Jh. v. Chr.)

gen gebaut und wie er sie benützt hat, kann man an Hand von Studien der schnell verschwindenden Stämme aus Zentral-Brasilien entnehmen. Das Leben dieser Indianer ist einfach und ihre Kultur ist in jeder Hinsicht immer noch im Steinzeitalter. Die Stämme des Amazonasgebiets vertrauen auch heute auf den Bogen als ihre wichtigste Waffe beim Fischen und Jagen.

Es waren die Engländer und die Indianer, die das Interesse am Bogensport in Amerika wieder auslösten. 1827 gründeten fünf Herren aus Philadelphia den »United Bowmen of Philadelphia Club« und scheuten nicht die Mühe, sich die erforderliche Ausrüstung aus England schicken zu lassen. Durch die hohen Kosten ließ das Interesse an diesem Hobby bald nach. Erst 1877, durch das Buch »The Witchery of Archery« von Maurice Thompson, wurde das Bogenschießen wieder populär gemacht. In dem Buch erzählt der Autor seine Erlebnisse in den Wäldern Floridas. Zusammen mit seinem Bruder Will lebten die beiden zwei Jahre lang wie zu Urzeiten hauptsächlich vom Bogenschießen. Doch erst Anfang dieses Jahrhunderts setzte sich der Bogen in Amerika als Waffe für Sport und Jagd erst richtig durch. Heute beziffert sich die Zahl der amerikanischen Hobby-Bogenschützen auf rund 6,5 Millionen.

Soweit wir beurteilen können, ist die Geschichte des Bogens die Geschichte der Menschheit. In seinem Gebrauch gab es niemals eine echte Pause. ■

In ihren Gebräuchen, Lebensgewohnheiten und Sprachen unterschieden sich die meisten der rund 370 größeren Indianerstämme. Pfeil und Bogen jedoch benützten sie alle. Dies zeigt auch die erste Darstellung der Landung der Entdecker

Der Bogen und seine Technik

Den praktischen Teil unseres Buches wollen wir mit einer Erkenntnis beginnen, die wahrscheinlich mit zu den ersten Ihres Lebens gehörte: Es gibt zweierlei Geschlechter – nämlich Frau und Mann. Vielleicht gehören Sie, liebe Leserin, zur höflicherweise erstgenannten Kategorie, dann sind die schicksalshaften Pfeile des Liebesgottes Amor eventuell das einzige, was Sie bis zu diesem Buch vom Bogenschießen wußten. Sind Sie ein Mann, dann sind Sie wahrscheinlich in der glücklichen Lage, Pfeil und Bogen seit Ihrer Jugend quasi in- und auswendig zu kennen; – seit damals – als Sie Ihren ersten Flitzebogen bauten. Nun leider, beides hilft Ihnen bei der Technik des Bogenschießens von heute nicht besonders weiter.

Im historischen Teil dieses Buches konnten Sie lesen, daß diese beiden Dinge, einmal der Pfeil und einmal der Bogen, eine ewig lange Tradition haben; daß sie sozusagen am geschichtlichen Verlauf unserer Welt ganz schön mitmischten. So sehr, daß es heute allen Ernstes Leute gibt, die behaupten, man nimmt den Bogen in die Hand, zielt, trifft und spürt den Schauer der Vergangenheit, fühlt sich beispielsweise verbunden zu Robin Hood und seinen Gesellen oder zu den Apachen, die mit Kriegsgeschrei ihre Länder gegen die eindringenden Weißen verteidigen.

Seien Sie bitte angesichts der langen Historie nicht verängstigt und in Ehr-furcht erstarrt, zweifeln Sie nicht an sich, wenn Sie das erste Mal ins Ziel treffen und wider Erwarten keinen erregenden Schauer empfinden. Keine Angst, Sie sind immer noch normal. Andererseits aber verfallen Sie auch nicht dem Glauben, der Bogen sei ein

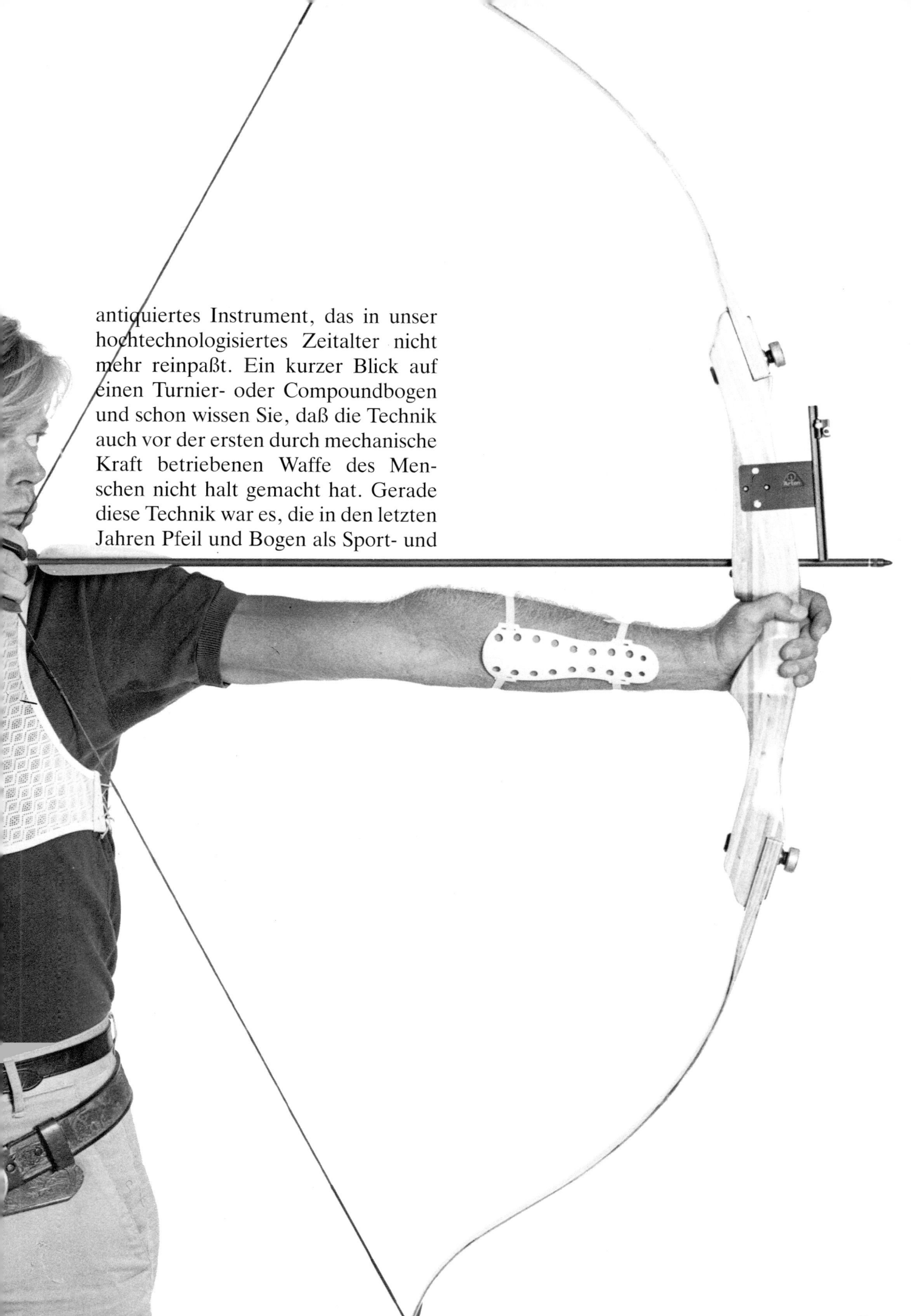

antiquiertes Instrument, das in unser
hochtechnologisiertes Zeitalter nicht
mehr reinpaßt. Ein kurzer Blick auf
einen Turnier- oder Compoundbogen
und schon wissen Sie, daß die Technik
auch vor der ersten durch mechanische
Kraft betriebenen Waffe des Menschen nicht halt gemacht hat. Gerade
diese Technik war es, die in den letzten
Jahren Pfeil und Bogen als Sport- und

Freizeitartikel zu neuen Ehren gebracht hat. Jetzt endlich, nach langer, langer Pause findet das Bogenschießen auch in Deutschland immer mehr Anhänger.

Wenn Sie sich fürs Bogenschießen interessieren, machen Sie nicht jenen vielleicht folgenschweren Fehler und gehen auf einen Turnierplatz, um im Anblick der Schützen Ihren Enthusiasmus zu verlieren. Denn man kann's nicht verleugnen, das Bogenschießen ist ein Sport, bei dem das Zuschauen meist nur geringes Vergnügen bereitet. Tatsache ist, daß für den normalen Zuschauer, oft auch für den engagierten Schützen, ein Bogenschieß-Turnier ähnlich aufregend ist wie Gras wachsen zu sehen. Da gibt es keinen plötzlichen Begeisterungssturm, keine Anfeuerungsrufe und keine beklemmenden Zweikämpfe. Da gibt's nur die Schützen und ihre Scheiben. Deshalb, wenn Sie Interesse haben, versuchen Sie sich bei Freunden, in einem Club oder bei einem Händler an einen Bogen zu leihen und selbst zu schießen. Vielleicht nämlich merken Sie dann, daß dieses Gerät Sie auf eine besondere Weise herausfordern kann und Ihnen zudem eine ganze Menge bietet.

Wo, werden Sie sich vielleicht fragen, kann ich überhaupt mit Pfeil und Bogen schießen? Und damit wollen wir mal anfangen. Da gibt es nämlich eine ganze Reihe von Möglichkeiten, die sich Ihnen bieten: Sind Sie etwa in der glücklichen Lage und haben ein eigenes Grundstück – schießen Sie hier (natürlich unter Berücksichtigung gewisser Sicherheitsvorkehrungen für Sie und den Rest der Familie). Haben Sie Lust, auf einem Turnierplatz Ihr Glück zu versuchen – dann tun Sie's da. Liegt es Ihnen mehr, durch Wälder und Wiesen zu gehen und dabei aus verschiedenen Entfernungen die Zielscheiben zu treffen, dann probieren Sie es mal mit dem Feldbogenschießen. Ist es Ihnen draußen zu kalt – gehen Sie einfach in die Halle, um Ihre Pfeile loszuwerden. Nur nebenbei zu

> **»Aber gehe nun heim, besorge Deine Geschäfte, Spindel und Webstuhl, und treib an beschiedener Arbeit Deine Mägde zum Fleiß. Der Bogen gebühret den Männern. Und vor allem mir; denn mein ist die Herrschaft im Hause«.**
>
> *(Homer)*

40

erwähnen ist wohl dieses: Ganz egal, wo, wann und mit wem auch immer Sie Lust haben diesen Sport auszuüben, ob als Hobby-, Sport- oder Zenschütze – eines muß Ihnen passieren: Sie spannen den Bogen, zielen auf die Scheibe, konzentrieren sich auf den schwarzen Punkt und – so komisch es klingen mag, schwappen die grauen Alltagssorgen weg. Der Ärger mit dem Chef, der Frust mit der Arbeit, der Streit mit dem Partner – all dies scheint durch einen unsichtbaren Schalter ausgeklickt. Kein Wunder also, daß bei so vielem grauen Alltag immer mehr Leute ihre manchmal kostbare Freizeit mit diesem Gerät verbringen.

Doch ganz im Vertrauen, da gibt es noch etwas, das Pfeil und Bogen ganz schön attraktiv macht: Sie können, aber Sie müssen nicht attraktiv sein, um ihn sich zu greifen. Der Bogen hat längst nicht soviele Ansprüche an Sie und Ihren Körper wie vieles andere. Mit anderen Worten, Sie können dick oder dünn, groß oder klein, athletisch oder konditionslos, alt, jung oder schwerbehindert sein – das Bogenschießen kann jeder erlernen und auch Sie werden nach einigen Monaten spüren, wie sich Schulter, Rücken-, Brust- und Armmuskeln über die neue Betätigung freuen.

Das Leben eines Bogenschützen beginnt damit, daß man herausfindet, »wo« es »was« zu kaufen gibt. Dabei kann das Erstere, nämlich das »Wo« leider für manchen zum Problem werden. In einigen Ecken Deutschlands ist es leider ganz schön schwer, leicht an den Bogen zu kommen. Der Interessierte aus den »bogenmäßig« unterentwickelten Orten begibt sich also auf eine Schnüffeltour.

Und die beginnt erstmal mit Fragen, beispielsweise im Freundes- oder Bekanntenkreis. »Hast Du einen, kennst Du einen, der einen hat . . .« Wenn Sie Glück haben, werden Sie fündig. Wenn nicht, nehmen Sie sich die gelben Bücher der Bundespost vor und schauen mal nach, ob's bei Ihnen um die Ecke vielleicht einen Bogenfachhandel oder einen Verein gibt. Tappen Sie dann immer noch im Dunklen, geben Sie nicht auf: der sicherste Weg, um Ihr Geld endlich an den Mann zu bringen, geht über den Deutschen Schützenbund. Davon gibt es in jedem Bundesland einen (am Schluß des Buches die Adressen und Telefonnummern), und dort wird Ihnen gerne Auskunft gegeben, wo in Ihrer Nähe der richtige Verein ist. Der Deutsche Schützenbund ist es auch, der die »Deutsche Schützen Zeitung«, sozusagen seine Hauspostille, herausgibt, in dem die Mehrheit der Fachhändler annonciert. Und die wiederum schicken Ihnen ganze Kataloge von Bogenschießartikeln zu. Doch Halt! Wenn sie niemanden in Ihrer Umgebung haben, der Ihnen sagt, wo's lang geht, dann kostet Sie so ein Katalog-Kauf wahrscheinlich mehr Geld für weniger Spaß.

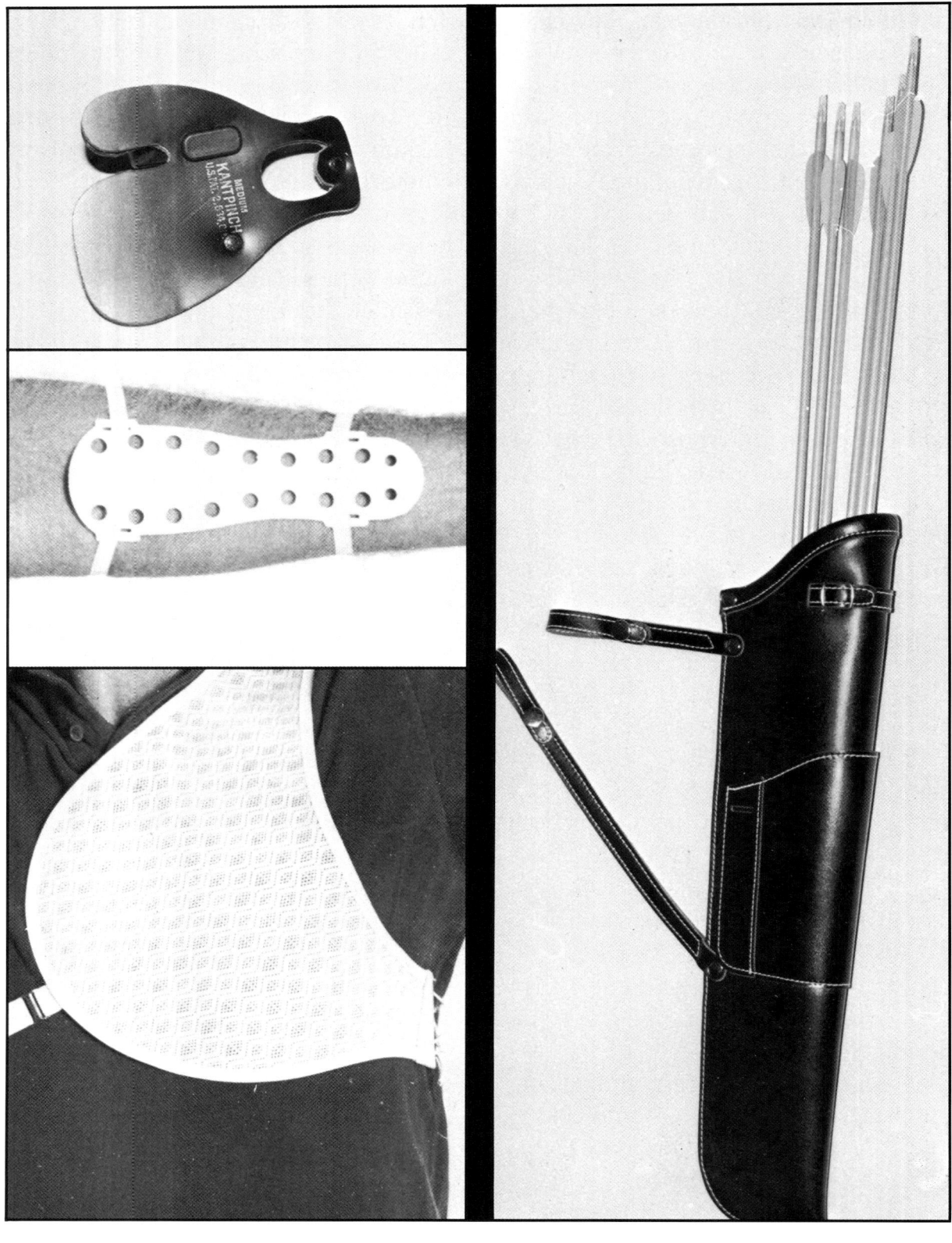

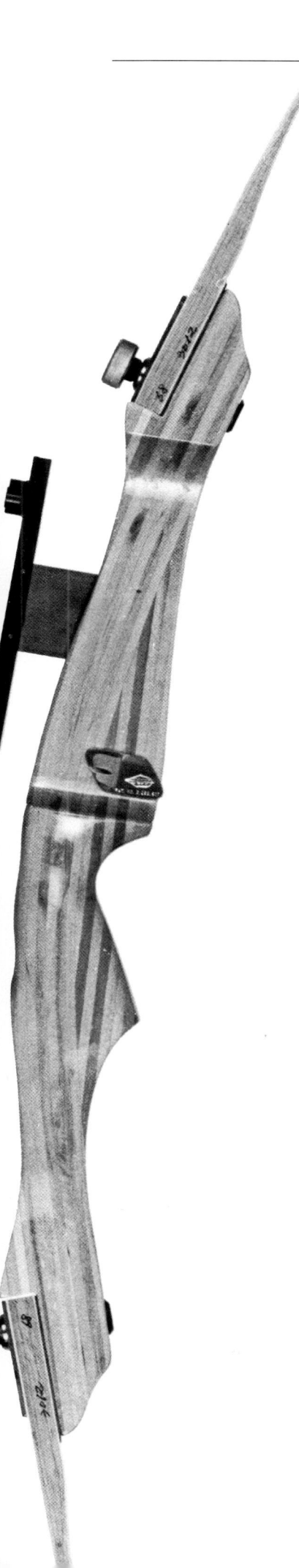

Die Ausrüstung

Nun sind Sie einen Schritt weiter. Jetzt wissen Sie, wo Sie sich die Zutaten für Ihre geplante Freizeitgestaltung zu holen haben. Was das ist? Erstmal ganz wenig. Als Anfänger brauchen Sie nicht mehr als

1) einen Bogen
2) sechs Pfeile
3) Armschutz
4) Fingerschutz

Und damit Ihre Hände den Griff um den Geldbeutel wieder lockern können, sei Ihnen gesagt, Ihre Erstausstattung wird nicht teurer als 300 Mark. Natürlich, wenn es Ihnen behagt, können Sie auch leicht 3000 Mark hinblättern. Nur, und jetzt kommt schon wieder eine Einschränkung, auch wenn Sie zu der Sorte Mensch gehören, die ganz gerne Geld ausgeben will und kann, zügeln Sie sich, bitte. Denn der Bogen, mit dem Sie anfangen, wird wahrscheinlich nicht der Bogen sein, bei dem Sie enden. Das glauben Sie nicht? Dann überlegen Sie mal bitte folgende zwei Argumente: Der Bogen, den Sie in die Hand bekommen, muß Ihrer Kraft entsprechen. »Zuggewicht« ist hierfür das Schlagwort und bedeutet, daß es sich dabei um die Kraft handelt, die Sie aufbringen müssen, um den Bogen maximal zu spannen. Sollte Ihnen also dieser Sport Spaß machen, werden sich bei Ihnen wie bei allen anderen im Verlauf Ihrer Karriere vom Anfänger zum Geübteren bekanntere und unbekanntere

Muskelstränge ganz schön entwickeln. Dies bedeutet mehr Kraft, also stärkeres Zuggewicht und damit sind sie schon beim neuen Bogen. Das andere Argument ist das Ding mit der Qual der Wahl. Bögen gibt es heute haufenweise, in verschiedenen Ausführungen und von verschiedenen Herstellern. Der Bogen, den Sie sich kaufen, muß Ihr Typ sein; er soll zu Ihnen passen. Dabei ist es gar nicht so einfach, auf Anhieb die richtige Entscheidung zu treffen. Das Angebot, das viele Fachhändler in Form eines Leihbogens machen, auch anzunehmen, ist deshalb gar nicht schlecht. Rund 100 Mark bezahlen Sie da für einen Leihbogen. Nach sechs Monaten – solange dürfen Sie ihn behalten – geben Sie den Bogen zurück. Spätestens dann wissen Sie auch, was Sie vom Bogensport und Ihren Muskeln erwarten können. Die Leihgebühr ist jedoch meist nicht verloren, sie wird beim Kauf eines neuen Bogens vom Preis abgezogen.

Haben Sie sich dann zum Kauf entschieden, müssen Sie noch die Wahl treffen zwischen den verschiedenen Bogentypen, die angeboten werden.

Da gibt es einmal den legendären Langbogen der Engländer, je nach Wunsch ganz karg oder mit üppig geschnitzten Verzierungen. Trifft das Ihren Geschmacksnerv nicht, dann wenden Sie sich dem Recurve-Bogen zu. Schlank ist er, Kurven hat er, elegant wirkt er und farblich läßt er keine Wünsche übrig. Es scheint so, daß schon mancher Bogenbauer an ihm sein Modebewußtsein ausgetobt hat. Behagt der Ihnen nun auch nicht, bleibt Ihnen noch der Compound-Bogen, das technische Wunderwerk.

Wenn Sie sich nun im Angesicht dieser Instrumente befinden – noch eine Bitte: Überlassen Sie es nicht Ihren Geschmacksnerven, in eine Richtung zu vibrieren, sondern versuchen Sie ein bißchen einen klaren Kopf zu behalten und sich zu überlegen, was Sie mit dem Bogen machen wollen.

Schießen will ich, werden Sie sagen. Klar. Aber das Wo und Wie ist gar nicht so unwichtig bei der Auswahl des Bogens.

Der Langbogen

Mag sein, Sie zählen zu jenen, denen unsere hochentwickelte Welt grob gesagt zum Hals raushängt. Die Sehnsucht nach dem einfachen Leben haben, alte Dinge lieben und sich und anderen ganz gerne mal beweisen wollen, daß sie wohl fähig sind, auch mit den primitiveren Mitteln unserer Urväter fertig zu werden. Sind Sie so? Dann sind Sie wahrscheinlich ein Langbogen-Typ.

Dieser Bogen unterscheidet sich auch heute kaum von denen des Mittelalters. Um ihn zu benützen braucht's eine eigene Technik. Wenn Sie ihn beherrschen, bringt er nicht soviel Leistung wie seine moderneren Brüder, dafür ist er Ihren Fehlern gegenüber etwas nachsichtiger.

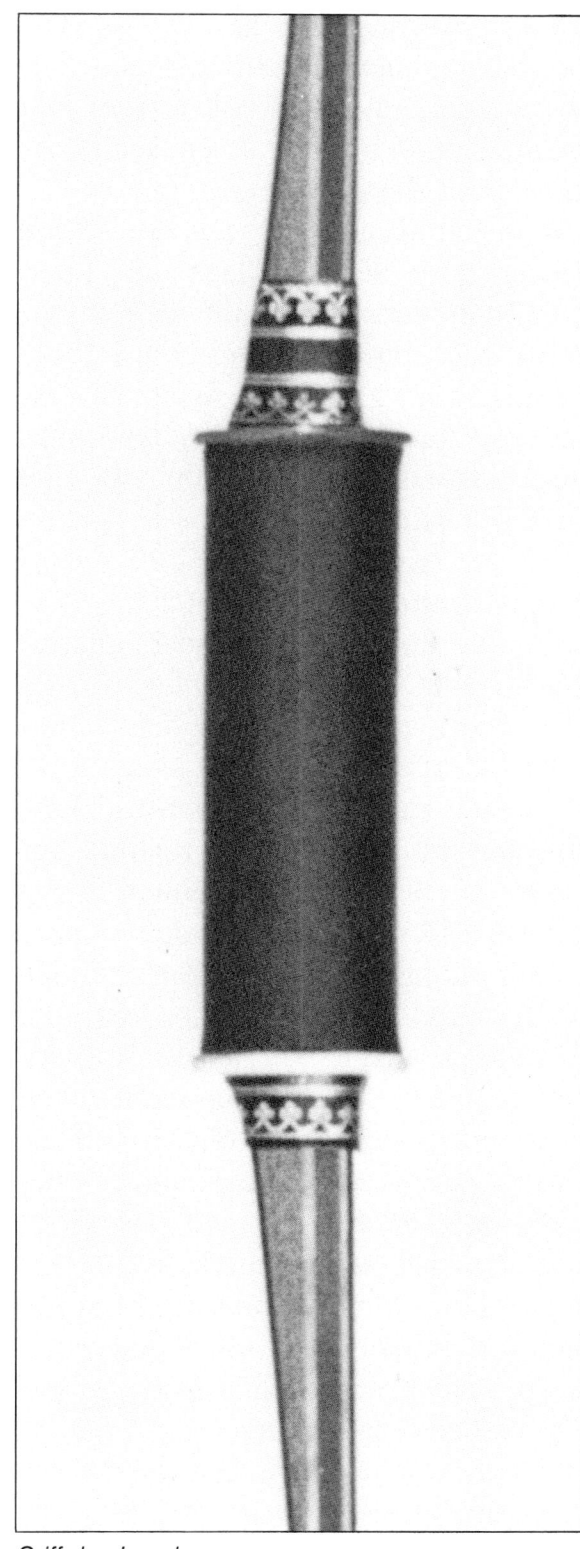

Griff des Langbogens

Wie es Ihnen gefällt, können Sie Nachbauten des alten Gildebogens erwerben, mit denen schon die Burgwachen im Mittelalter sich ihrer Feinde erwehrten oder Sie können sich als modernes Attribut am alten Gerät, einen Langbogen aussuchen, der durch Fiberglas verstärkt ist. Eines aber haben alle Langbögen gemeinsam – und dies ist wohl auch ihr Charme: Schützenhilfe, die sie bei den modernen Bögen bekommen, leistet der Langbogen Ihnen nicht.

Im Preis jedoch unterscheidet er sich kaum von seinen technischen Kameraden. Zwischen 700,– und 1500,– DM können Sie ihn in der Regel käuflich erwerben.

Der Recurve-Bogen

In Deutschen Landen wird mit dem Recurve-Bogen geschossen – jedenfalls hauptsächlich. Die geschwungene Form der Bogenenden gab ihm seinen Namen und als Vorlage dienten wohl die alten asiatischen Bögen und ihr System, viele verschiedene Schichten miteinander zu verbinden.

Beides, Bogenform und vor allem die Verbindung zwischen Holz und Kunststoffen, waren es, die seit Anfang der 50er Jahre dem Recurve-Bogen zu ungeahnten Erfolgen verholfen haben. Nicht zu Unrecht, muß man sagen, denn im Gegensatz zu den Holzbögen war er leichter zu halten, leichter zu spannen – dafür waren seine Pfeile schneller und exakter. Dazu kommt

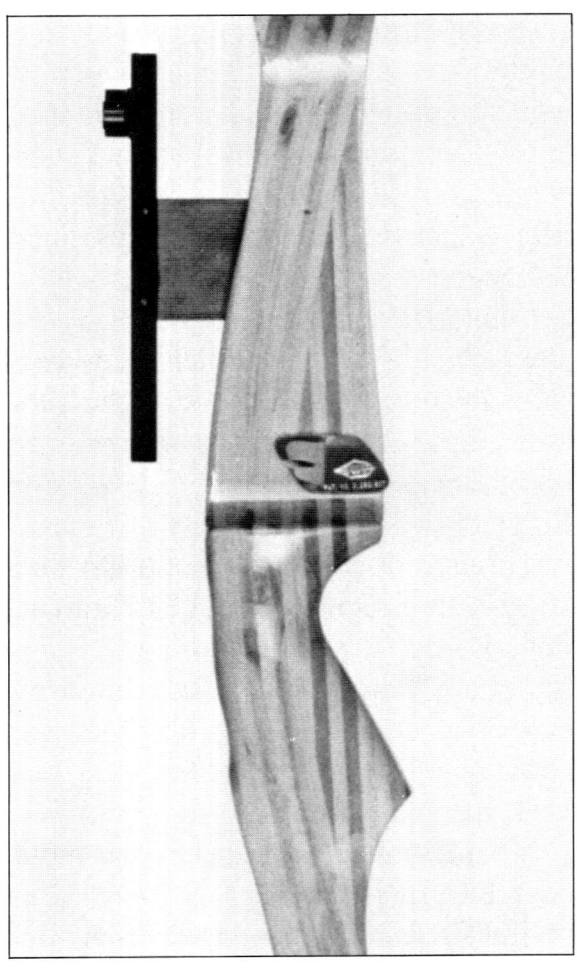

Griffschale des Recurve-Bogens

piaden werden Sie heute fast ausschließlich den Recurve-Bogen bewundern können, obwohl neben ihm auch zu diesen Ereignissen der Langbogen zugelassen ist.

Wenn der Recurve-Bogen der Bogen ist, an den Sie Ihr Herz und Ihren Verstand verlieren, dann achten Sie beim Kauf bitte auf zwei Dinge: Zuggewicht und Zuglänge. Wenn Sie zudem auf die Preise achten, dann müssen Sie wissen, daß er von 195,– bis 2000,– DM zu haben ist.

Der Compound-Bogen

Die Eingeweihten und Zauberer, jene Leute, die immer wissen, wo's lang geht, waren sich nach der Geburt des Recurve-Bogens ganz sicher, daß damit das Ende der Bogenentwicklung erreicht ist. Ein einziges Trostpflästerchen gaben sie ihrer Gemeinde dadurch, daß sie schrieben, daß weitere Entwicklungen vielleicht noch bei den Materialien vorkommen könnten. Und wie so oft, haben sich die Vollprofis getäuscht – reichlich sozusagen. Jetzt sitzen sie da und blicken auf ein kraftstrotzendes Technik-Paket, bestehend aus solchen Dingen wie Holz, Metall, Carbon und, und, und – und über allem, ein Flaschenzug. Schauerlich gut schaut solch ein Compound-Bogen aus. Schauerlich groß ist der Unterschied zum Langbogen.

Nicht daß Sie jetzt dem Glauben verfallen, die ganzen Kabel, die an dem Bogen rumhängen, seien nutzlos. Bei

etwas, was gar nicht so unwichtig ist bei einem Freizeitpartner: Der Recurve-Bogen ist ganz schön anpassungs- und verschönerungsfähig. Sie können sich mit ihm überall vergnügen und wenn es Ihnen Spaß macht, können Sie ihn mit Hilfe von kosmetischen Accessoires derart verschönern, daß er stärker an ein modernes Vermessungsgerät als an die alte asiatische Kultur erinnert. Bei Weltmeisterschaften und Olym-

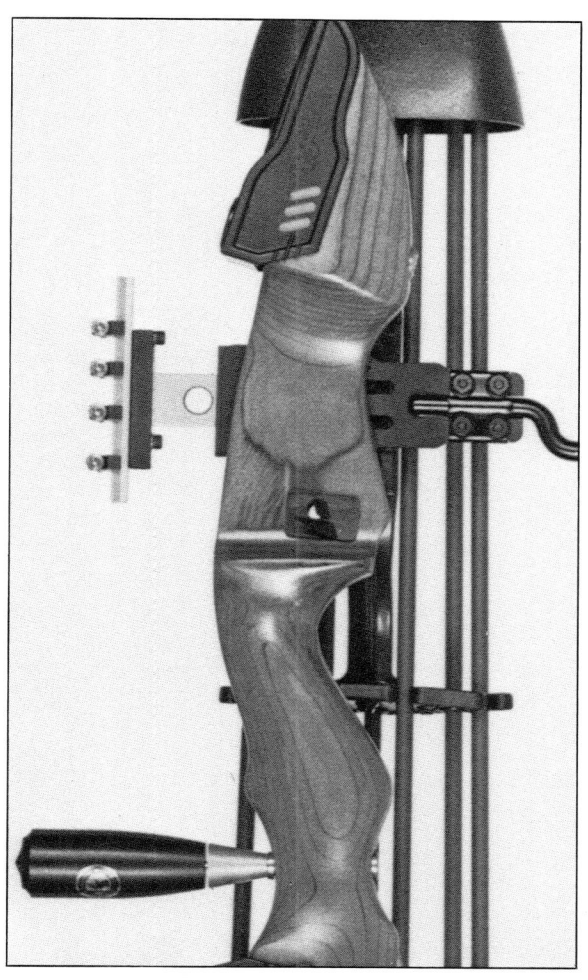

Pistolenähnlicher Griff des Compound-Bogens

kleine Zitterlein im Arm haben, dürften Sie dies nicht berücksichtigen: Jetzt müssen Sie sich erstmal aufs Ziel konzentrieren und nicht einfach den Pfeil loslassen, weil Ihr Arm es so will. Klar, auch beim Compound-Bogen benötigen Sie Kraft – nur nicht solange. Anfangs brauchen Sie sogar etwas mehr als beim herkömmlichen Bogen, aber dann macht's klick und die Flaschenzüge erfüllen ihren Dienst. Je nach Bogenbauweise fällt dann der Kraftaufwand um 30 bis 50 Prozent ab, was bedeutet, daß Sie sich in Ruhe und ohne Anstrengung dem Punkt auf der Zielscheibe zuwenden können.

Wie kann es anders sein, natürlich kommt dieser Bogen aus Amerika, wo ihn auch 90 Prozent aller Bogenschützen im Einsatz haben.

Weil er für den Anfänger so bequem ist, weil ihn die FITA, die Weltorganisation des Bogensports, nun bei Wettkämpfen zugelassen hat, setzt sich der Kraftprotz auch langsam bei uns durch.

Wenn Sie sich nun von diesem Bogen das meiste versprechen, dann achten Sie auch hier auf Zuglänge und Zugewicht. Vielleicht ist es ratsam, bei seinem Kauf die Finger um den Geldbeutel etwas zu lockern, und eines der Modelle zu nehmen, bei denen man beides, Zuggewicht und -länge verändern kann. Für welches Compound-Modell Sie sich auch entscheiden, angeboten werden sie zwischen 380,– und 1400,– DM.

weitem nicht, – womit wir schon wieder beim Zuggewicht wären. Erinnern Sie sich, das ist die Sache mit der Kraft, die Sie brauchen um ... Dies ist nämlich beim Compound-Bogen völlig anders; andersrum kann man sagen. Also, normalerweise müssen Sie Ihren Bogen spannen und spannen, und immer weiter, bis es nicht mehr geht. Wenn Sie als Anfänger dann schon Schweißperlen auf der Stirn und das

Die drei gefragtesten Bogen

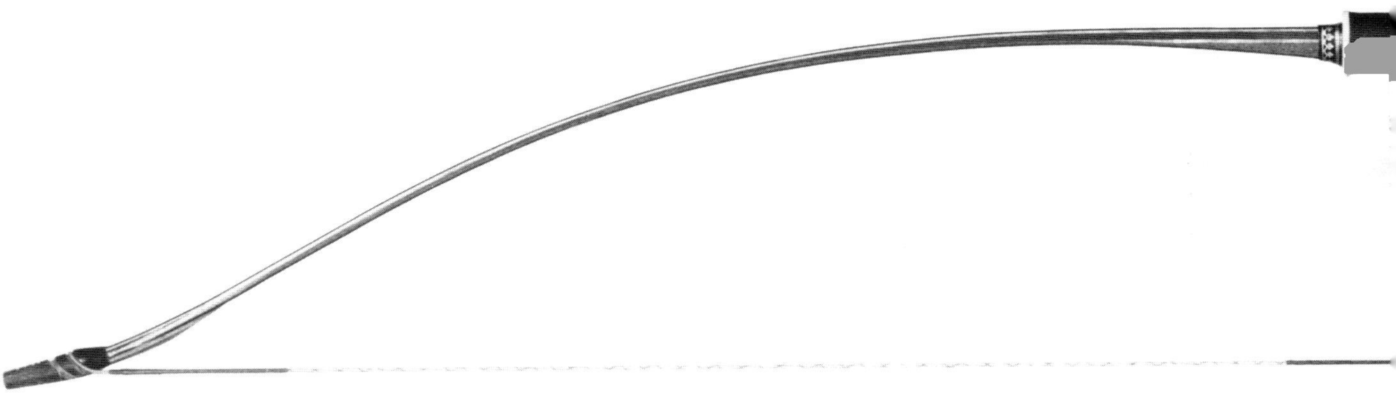

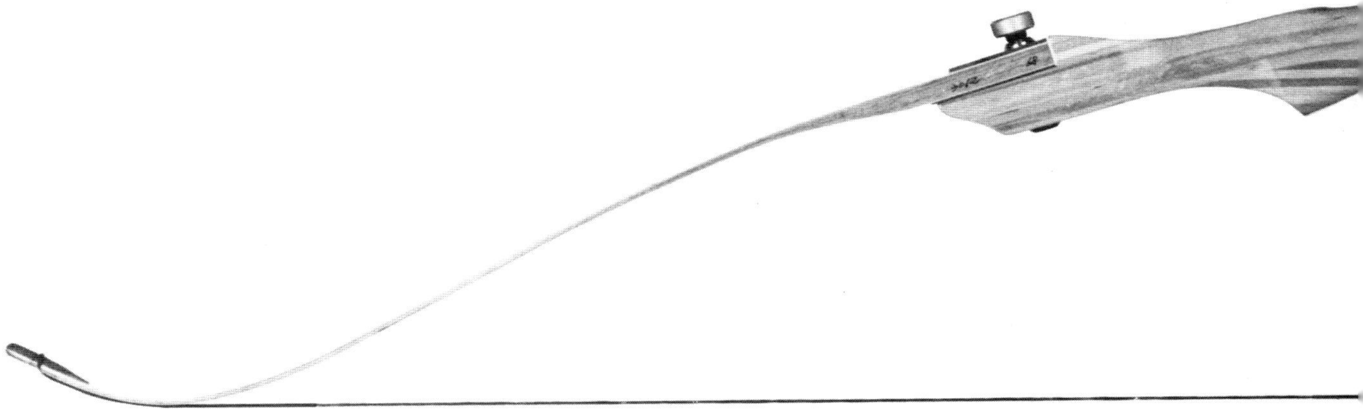

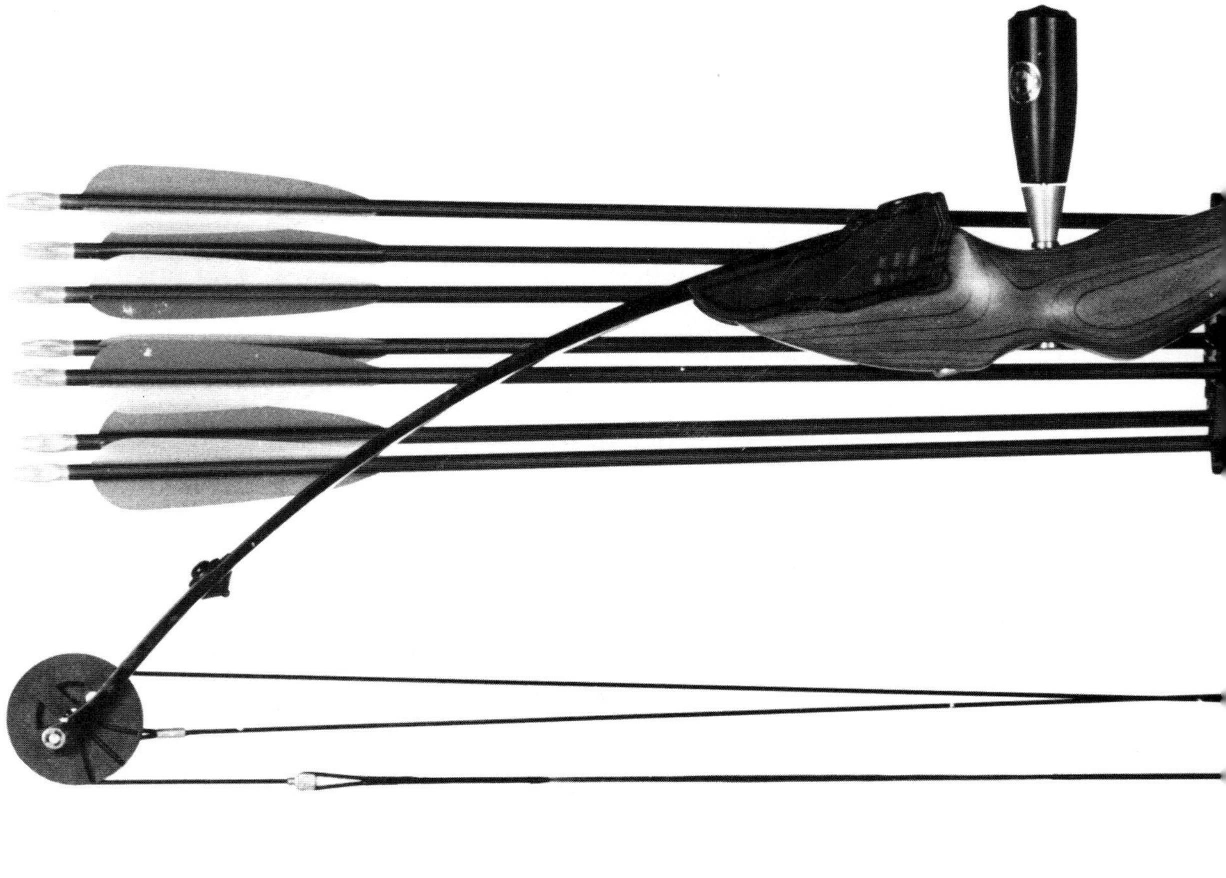

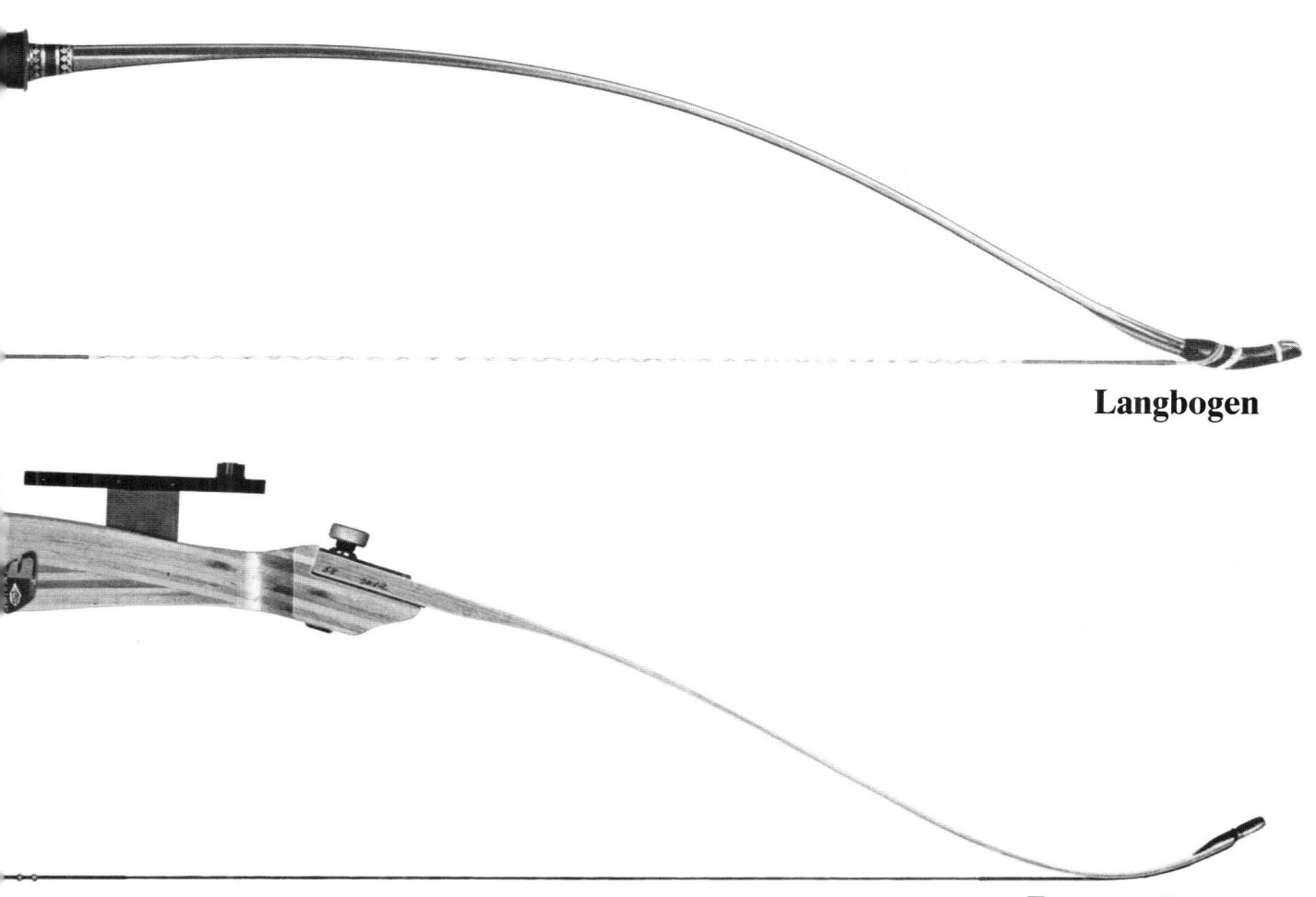

Langbogen

Recurve-Bogen

Compound-Bogen

49

Fachausdrücke

Sie haben Glück: Sie wissen erstens, welche Sorte Bogen Sie wollen und zweitens haben Sie zu allem hin noch ein Geschäft gefunden, wo Sie ihn auch kaufen können. Das was Sie nun wieder irritiert, sind die Ausdrükke, eben jene Bogenfachsprache mit ihren speziellen Worten für besondere Dinge, die das Bogenleben so ausmachen. Und als ob's damit nicht genug wäre, – das alles meist in Englisch. (Was uns Grund gab, am Ende des Buches ein kleines ABC der Bogenschützen zu drucken).

Die Bogenlänge

Der Bogen muß zu Ihrer Größe und Kraft passen, wird Ihnen vom Verkäufer erklärt und klingt auch ganz logisch. Dann hören Sie von Meßeinheiten, mit denen Sie im Alltag wahrscheinlich nicht umgehen müssen. Da ist doch die Länge der Bögen noch heute in Zoll (″) angegeben, wobei 1″ zirka 2,5 Zentimetern entspricht. Normalerweise bewegt sich die Länge der Bögen zwischen 62″ und 70″. Damit aber nicht genug, die Zugstärke oder das Zugewicht spielt ja auch noch eine große Rolle wie wir wissen und die wiederum wird in englischen Pfund (1 lb. = 453,6 Gramm) gemessen. Diese Zugstärke differiert zwischen 10 und 60 Pfund (lbs). Als Tip sei gesagt: Beginnen Sie erst gar nicht damit umzurechnen, lernen Sie einfach die nötigen fremden Ausdrücke.

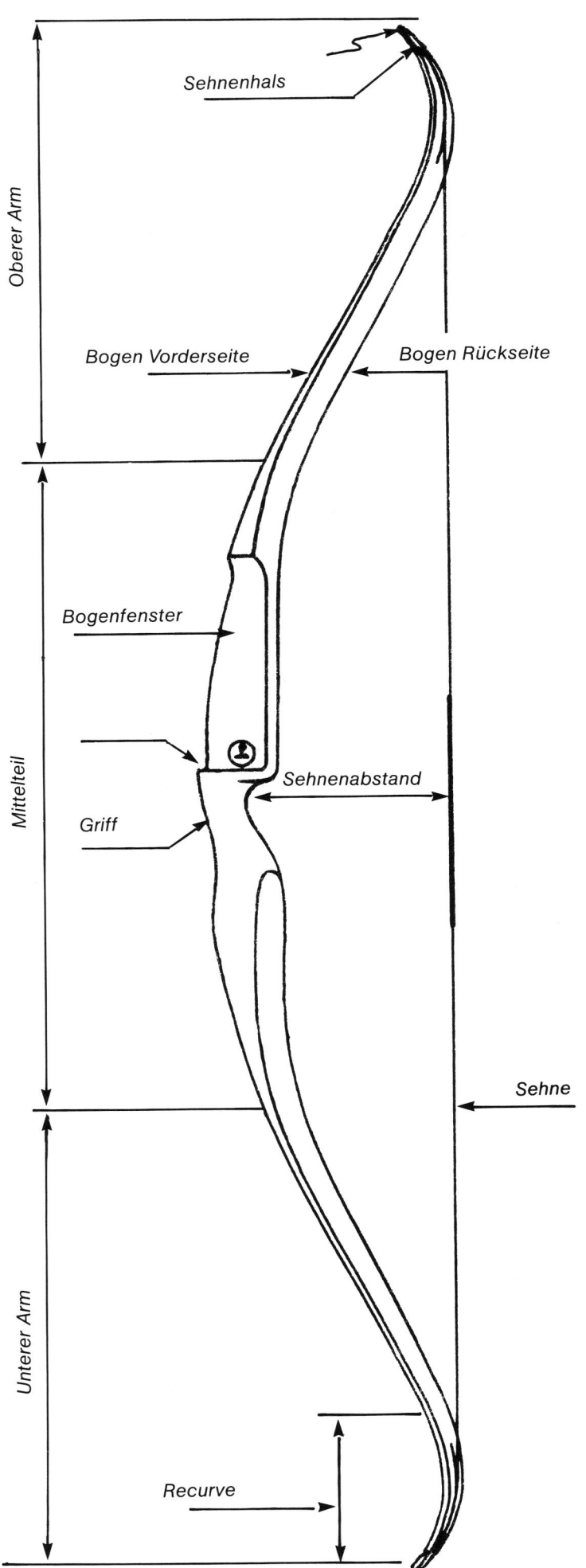

50

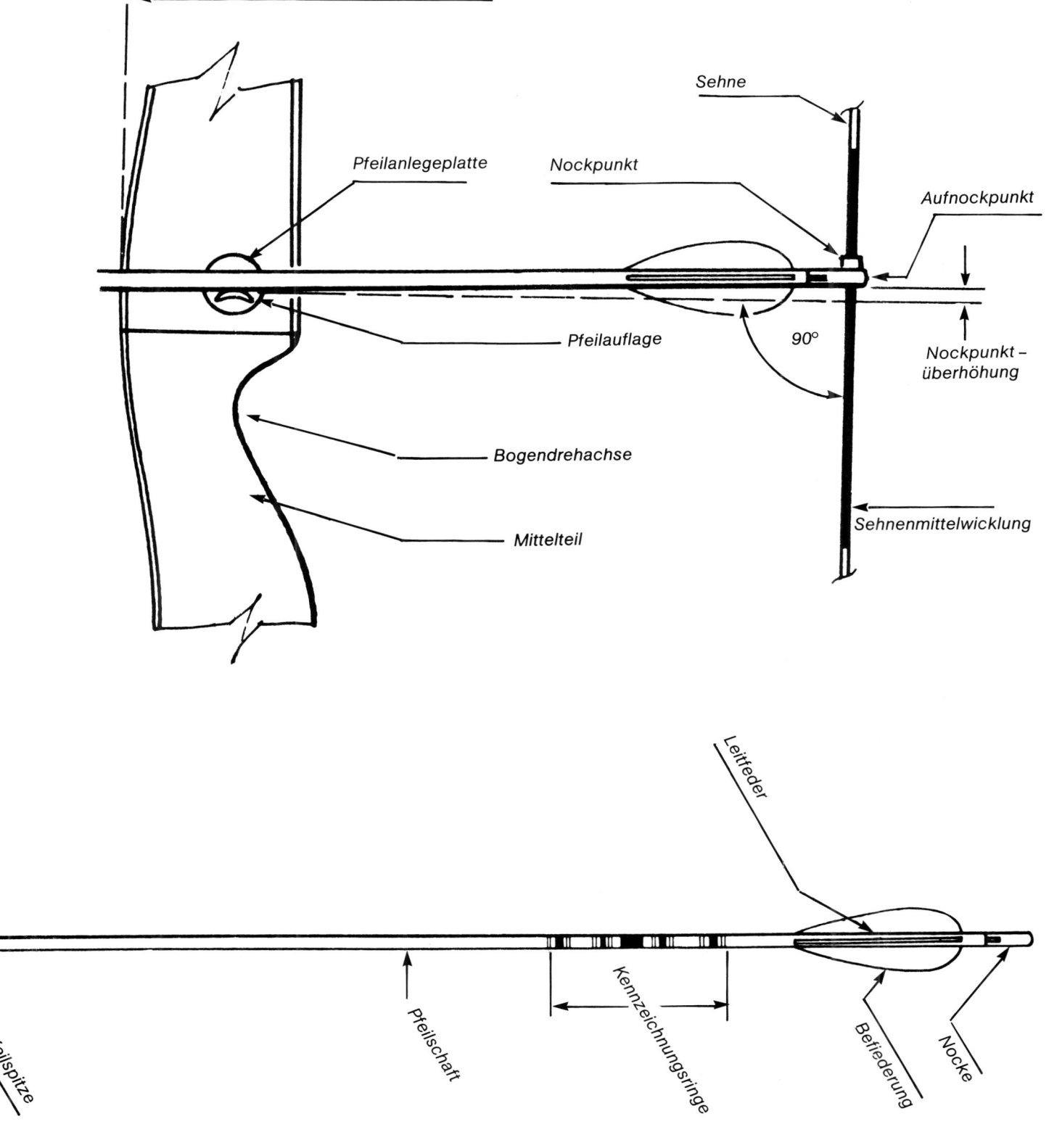

Links- oder Rechtshänder? – will man nun von Ihnen wissen. Keine Angst, dies ist keine intime Frage, sondern eine sehr wichtige, denn Bögen gibt es für beide Hände. Doch jetzt müssen Sie auch noch hören, daß nicht die rechte oder die linke Hand die entscheidende Rolle spielt, sondern vielmehr ihr Auge – das dominante nämlich. Also jenes Auge mit dem Sie zielen. Sind Sie beispielsweise Rechtshänder, dann ist es fast normal, daß Ihr rechtes Auge das dominantere ist. Dann halten Sie Ihren Bogen in der linken Hand und spannen die Bogensehne mit der Rechten. Wenn Sie dann zielen, werden Sie wahrscheinlich intuitiv das linke Auge schließen – und umgekehrt. Pech haben diejenigen Ausnahmen, bei denen das Hauptauge nicht der Haupthand entspricht: Entweder Hand oder Auge, eins von beiden müssen Sie umstellen.

Lassen Sie sich nun bitte nicht verwirren, sondern freuen Sie sich, daß Sie schon wieder einen Schritt näher an den Bogen gekommen sind. Jetzt geht es darum, die Bogenlänge auszusuchen, und die hängt von der Pfeillänge ab und die wieder hängt von der Armlänge ab. Ganz logisch, oder? Im Normalfall haben große Menschen lange Arme, darum brauchen sie längere Pfeile und somit einen längeren Bogen – und umgekehrt.

Vielleicht kann Ihnen die Tabelle einen groben Überblick über das Verhältnis der Auszugslänge des Pfeiles

zum Bogen geben, wobei noch zu bemerken ist, daß die Auszugslänge jenen Abstand zwischen Bogen und Sehne darstellt, wenn der Bogen maximal gespannt ist.

> *Zuglänge des Pfeiles: 22–24"*
> *Bogenlänge 62"/Kinder u. kl. Damen*
>
> *Zuglänge des Pfeiles: 25"*
> *Bogenlänge 64"/Damen*
>
> *Zuglänge des Pfeiles: 26"/27"*
> *Bogenlänge 66" Männer*
>
> *Zuglänge des Pfeiles: 27"/28"/29"*
> *Bogenlänge 68"/Männer*
>
> *Zuglänge des Pfeiles: 29"–34"*
> *Bogenlänge 70"/Männer*

Das Zuggewicht

Man kann es drehen und wenden wie man will – das wichtigste an Ihrem Bogen ist das Zuggewicht; das, um es noch einmal zu sagen, sich nicht auf das physikalische Gewicht Ihres Bogens bezieht, sondern auf die Kraft, die ich brauche, um einen Pfeil auf seine volle Länge hin auszuziehen.

Sind Sie in der glücklichen Lage und sind bei einem Fachhändler gelandet, dann wird der Ihnen den Bogen passend zu Ihrer Größe und Kraft in die Hand drücken und notfalls auch abändern.

Trotzdem, damit Sie wissen, wie das mit dem Zuggewicht ist, hier ein paar Erklärungen. Sie nehmen also den Bogen in die Hand suchen nach Zahlen. Die stehen auf jeden Fall drauf und das bei den meisten Bögen an den unteren Wurfarmen.

Was erblicken Sie da? Mindestens nämlich zwei Angaben: Einmal eine Zahl und dahinter steht Lbs., was bedeutet, hier dreht sich's um das Zugewicht. Zum anderen eine Zahl mit dem netten kleinen Zeichen (″) dahinter. Hier handelt es sich um die Auszugslänge Ihres Pfeiles (Pfeilspitze – Vorderkante Bogen) auf die das Zuggewicht gemessen wird. Wenn Sie sich mal die Mühe machen und mehrere Bögen nach Ihren Zahlen absuchen, werden sie entdecken, daß vor dem Zeichen (″) meist eine 28 steht, die Normzahl, die dadurch bestimmt wird, daß die Mehrheit aller Erwachsener die Auszugslänge 28(″) hat.

Sie gehören nicht dazu. Sie schießen kürzere oder längere Pfeile, dann müssen sie rechnen: Pro Zoll (″) ziehen Sie dann zwei Pfund ab oder zählen zwei Pfund dazu. Dies verlangt keine besondere rechnerische Begabung von Ihnen. Also, beispielsweise, mißt die Zuglänge Ihres Armes 26″. Sie haben nun aber einen Bogen, der markiert ist mit 50 Lbs. bei 28″. Auf wieviel müssen Sie das Zuggewicht nun verringern? Richtig, auf 46 lbs!

Gehen wir wieder mal vom Durchschnittsfall aus: Da liegt das Zuggewicht im allgemeinen bei

Kindern und Jungen = 20–35 Lbs.
Mädchen und Frauen = 15–30 Lbs.
erwachsenen Männern = 30–45 Lbs.

Aber halt! Sie sind ja Anfänger und als

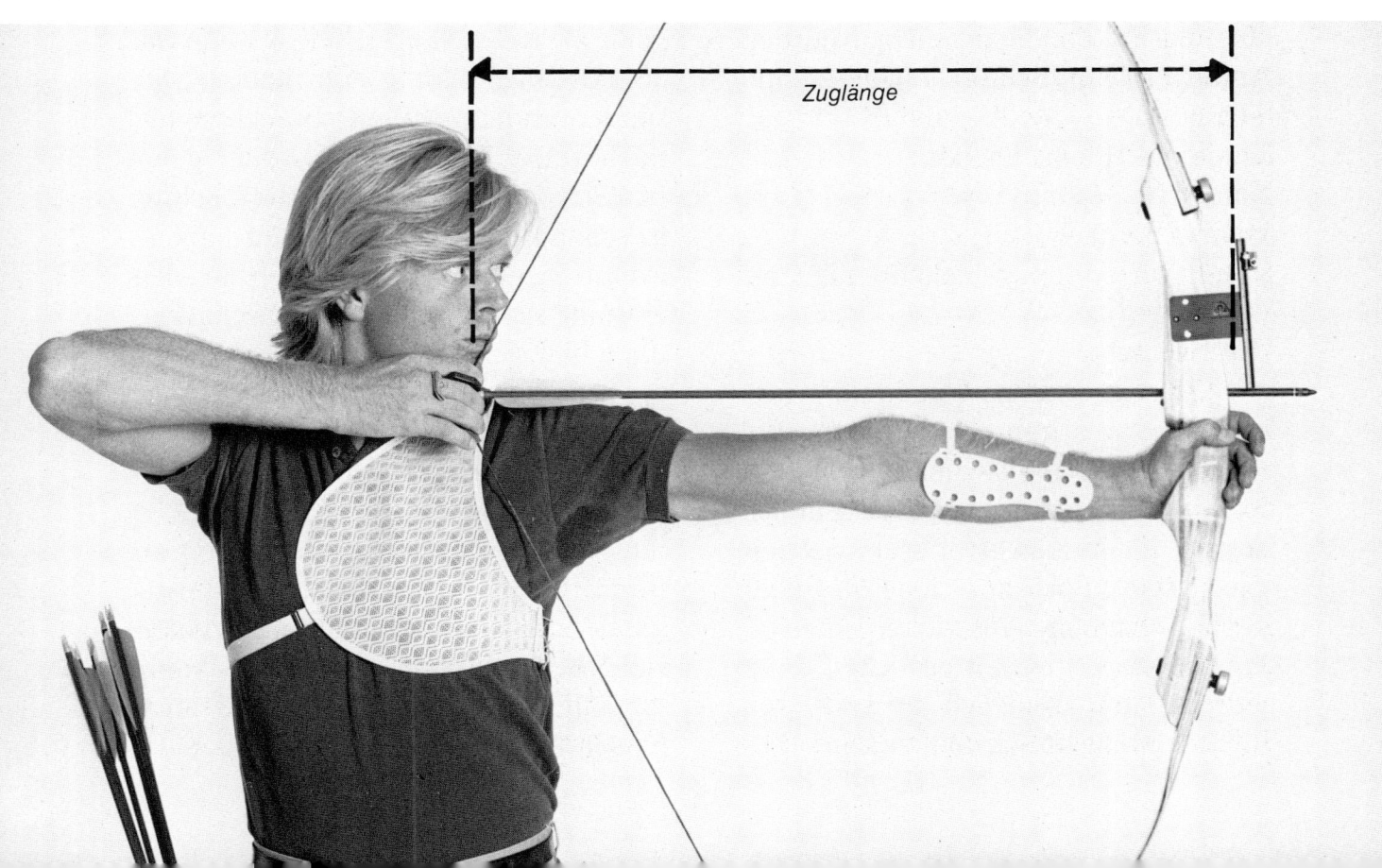

Zuglänge

solcher nicht so stark belastbar. Seien Sie nicht gekränkt, doch über allem Anfangszugewicht steht der Wahlspruch: »Viel gequält, wenig gezählt«. Mag sein, Sie sind sportlich durchtrainiert, mag sein, Sie gehen zweimal die Woche ins Bodybuilding-Studio und lassen Ihre Muskeln spielen, mag sein, Sie probieren einen Bogen mit einem hohen Auszugsgewicht und schaffen das auch einige Male. Aber dann? Sie werden merken, die Kraft läßt nach, weil Sie wahrscheinlich Muskelpartien in Anspruch nehmen, die bis dato redlich geschlafen haben. Den Zweck des Bogenschießens, nämlich durch die richtige Haltung richtig ins Ziel zu treffen, werden Sie dann mangels Übungslahmheit nicht mehr erreichen. Die Zugstärken, mit denen man bei den Anfängern im Schnitt rechnet, sind folgende:

Kinder und kleine Damen	15 Lbs
Damen	18–22 Lbs.
Männer je nach Kondition	nicht über 28 Lbs.

Die Sehne

Zügeln Sie Ihre Ungeduld – nun haben Sie ja schon einen Bogen, und mit ihm auch die dazugehörende Sehne. Sie wird, weil das heute so üblich ist, aus einer Kunststoffaser wie beispielsweise Fortisan, Dacron oder Kevlar bestehen. Aus vielen Einzelfäden ist sie entweder gewickelt oder gedreht, um zusätzlich im mittleren Teil nochmals umwickelt zu sein. Diesen Mittelteil der Sehne werden Sie oft in der Hand haben: Einmal um Ihren Bogen zu spannen, zum anderen, um an einem ständig gleichbleibenden Punkt, die Bogensprache bezeichnet ihn als den »Nockpunkt«, ihren Pfeil anzulegen. Damit Sie Ihren Pfeil immer an der richtigen Stelle, in der Fachsprache heißt das dann »annokken«, besorgen Sie sich, wenn nicht schon an der Sehne vorhanden, einen kleinen Metallring, der die richtige, wichtige Stelle kennzeichnet.

Wenn man bedenkt, welch hohen Wert der Bogen darauf legt, daß alles zu ihm paßt, versteht man auch seinen Anspruch auf die angemessene Sehnenlänge. Wer will, findet auch die unter den angegebenen Zahlen auf dem Bogenarm. Keine Angst, selbst wenn Sie als Anfänger häufig zum neuen Mitspieler greifen wollen, brauchen Sie noch keine Ersatzsehne – oder glauben Sie, daß Sie die ersten 20 000 Schüsse schnell hinter sich gebracht haben? Wenn ja, und Sie kommen in den Zwang, sich eine neue anzuschaffen, dann hält sich diese Ausgabe mit Preisen zwischen 10,– und 18,– DM eigentlich in annehmbaren Grenzen.

Die Griffschale

Na ja, was bleibt noch übrig an Ihrem Bogen? Natürlich – die Griffschale, die heute ebenfalls an den meisten Bögen schon dran ist. Wahrscheinlich wird sie Ihrer Hand auch passen. Denn nicht umsonst haben die großen Bogenhersteller sozusagen jahrelang Händchen geschüttelt, um herauszufinden, wann der Griff am griffigsten ist. Das Ergebnis erinnert an

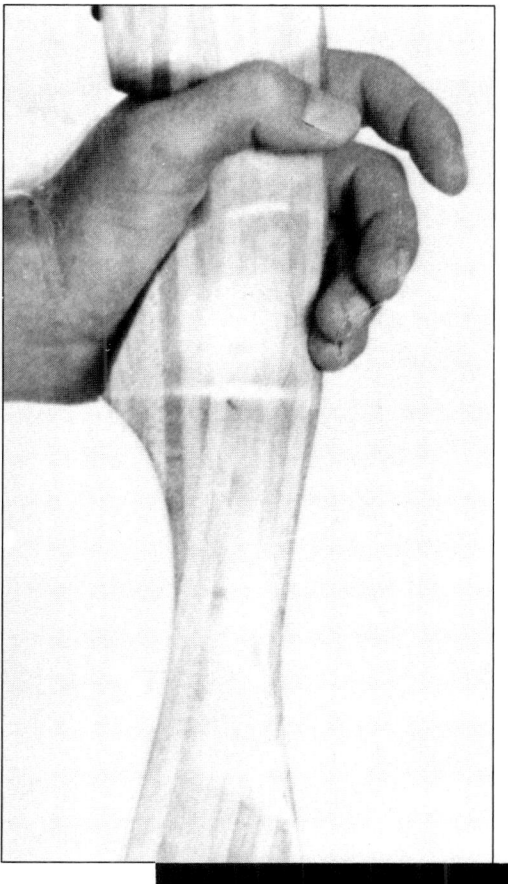

Damit sich die Hand des Schützen wohl fühlt, kann er zwischen Standard-Griffschale, halbhohem- und hohem Pistolengriff, Rechts- und Linkshandausführung wählen

einen Pistolengriff und verleiht fast allen Leuten ein gutes Gefühl in der Hand, wenn Sie Ihren Bogen ergreifen. Sollte sich Ihre Hand dabei wider Erwarten nicht wohl fühlen, können Sie das Griffstück bei den meisten Bögen mühelos austauschen. Griffschalen aus Holz oder PVC kosten zwischen 17,– und 130,– DM.

Pfeilauf- und -anlage

Klein, aber ganz schön wirkungsvoll sind letzten Endes auch die Pfeilauf- und -anlagen: Diese winzigen Dinger, die Sie selbstklebend am Bogen befestigen können, haben eigentlich hochtrabende Eigenschaften. Man höre, und wenn Sie es verstehen, dann staunen Sie: Sie nehmen dem Pfeil die Reibung weg, geben ihm eine ausgezeichnete Führung, ohne ihn jedoch in seiner Bewegung im Abschußmoment zu stören – und dies alles können Sie damit erreichen, wenn Sie ab 5,– DM dabei sind.

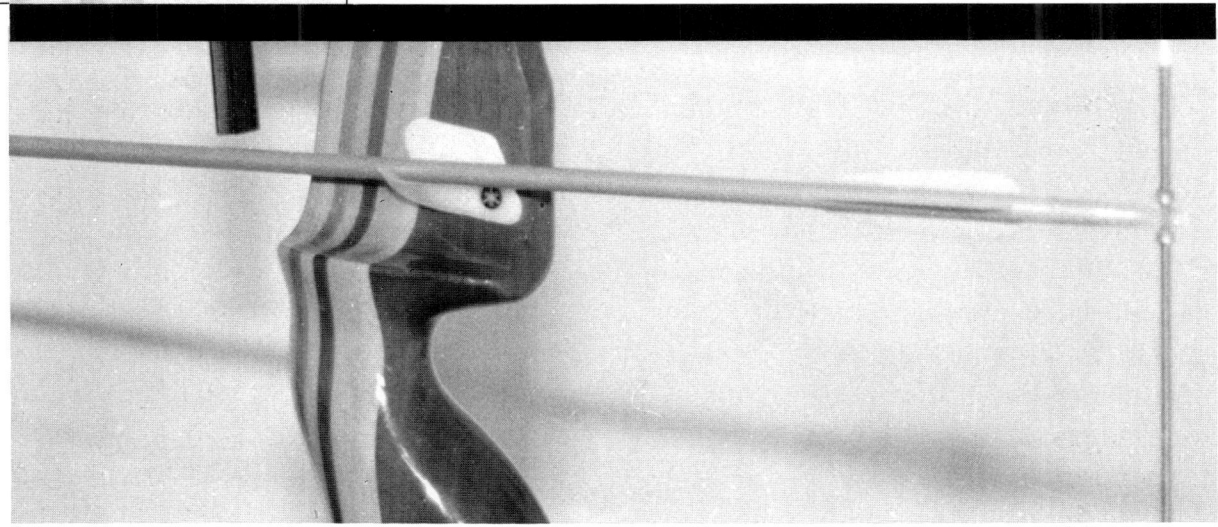

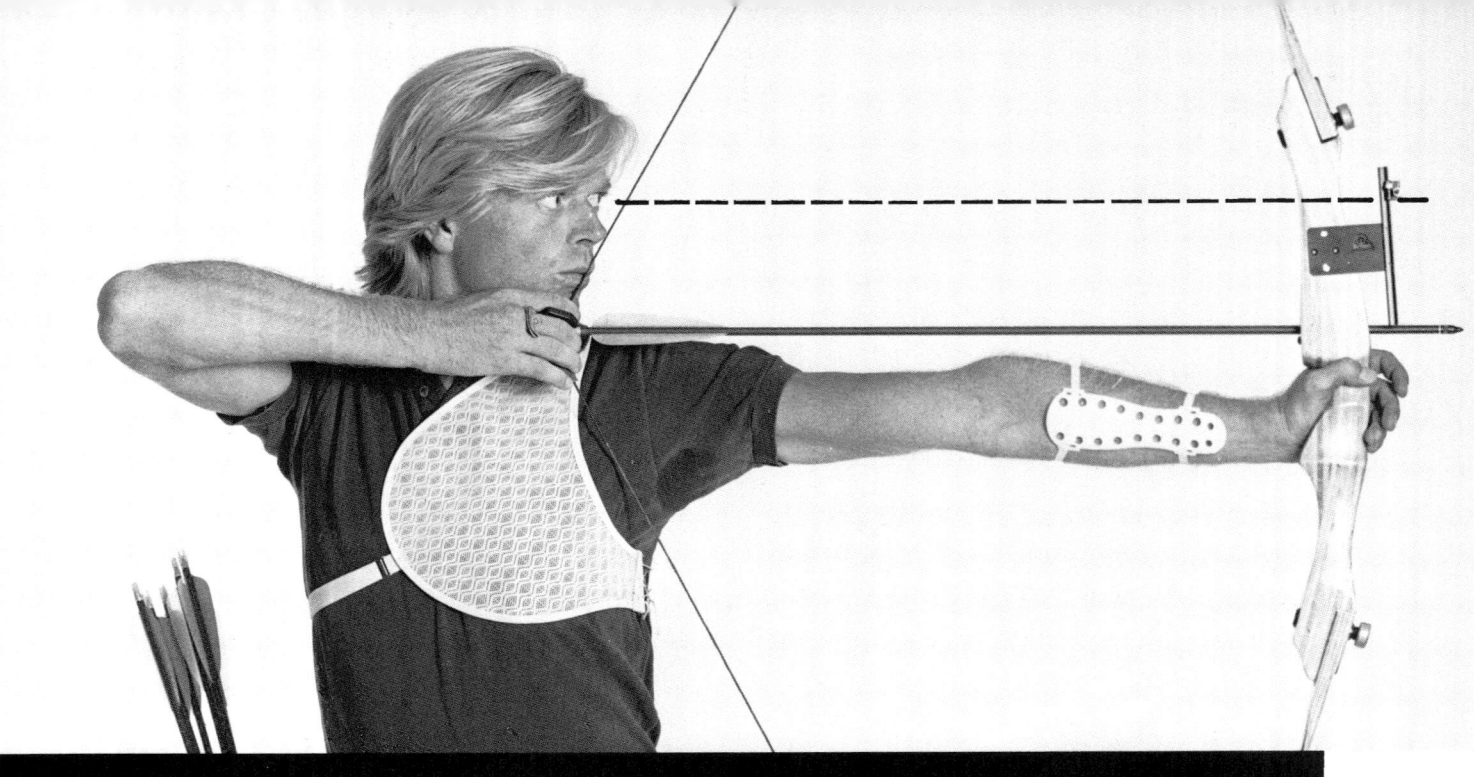

Das Visier

Brauche ich als Anfänger ein Visier oder nicht? Diese Frage beschäftigt nicht nur Sie, sie führt auch zu Meinungsverschiedenheiten bei den Gelehrten in Sachen Bogensport.

Das Visier ist, wie wir alle wissen, eine Zielvorrichtung. Wer von Ihnen hat sich nicht schon beim Versuch, auf dem Jahrmarkt seinen eigenen Bären zu schießen, geärgert: Erinnern Sie sich? Gewehr hoch, Kimme und Korn in Übereinstimmung bringen, zielen, schießen – daneben. »Das Gewehr ist nicht in Ordnung«, haben Sie sich gedacht, weil Sie's ja richtig gemacht haben und dann auch hätten treffen müssen. Denn so ist das beim Gewehr, Kimme und Korn bilden eine Gerade sozusagen, und wenn Sie nicht beim Abschuß zittern, sollten Sie treffen.

Ganz anders ist das mit dem Visier am Bogen. Hier nämlich spielt ihre Gesichtsform eine große Rolle. Nicht etwa ob Sie ein rundes oder schmales, ein eckiges oder ovales Gesicht haben interessiert; vielmehr sind es die Entfernungen vom Auge zum Kinn oder

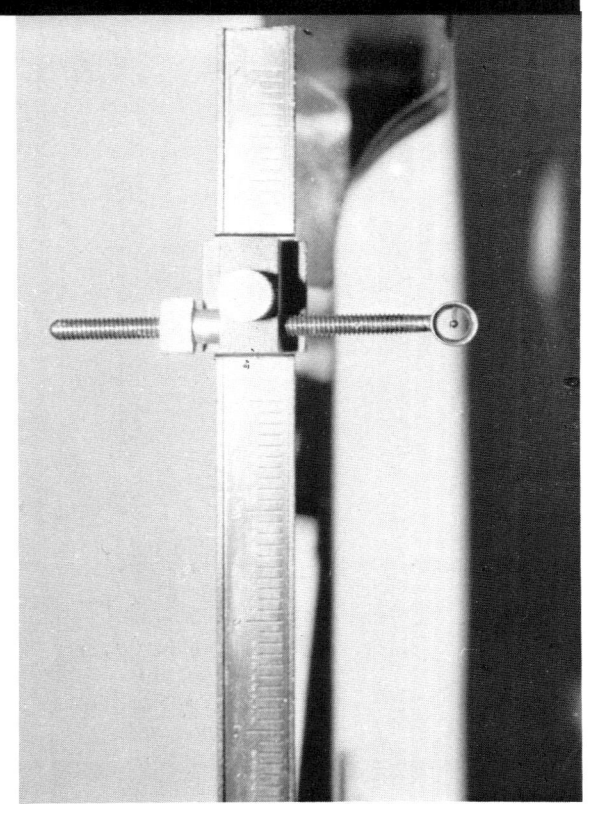

von der Nase zum Kinn, die festlegen, wie man das Visier einzustellen hat.

Sie wundern sich? Damit Ihnen das Wundern vergeht, müssen Sie zwei Dinge wissen: Das Visier am Bogen hat nur das Korn. Die Kimme ergibt sich aus dem Ankerpunkt. Dies war wieder mal Fachsprache und bezieht sich auf die Situation, wenn Sie, weil es die Haltung so vorschreibt, beim Spannen mit der Sehne an ihrem Kinn anstoßen. Mag sein, daß Sie es noch nicht wußten: aber jeder Mensch hat unterschiedliche Entfernungen im Gesicht, was bedeutet, daß jeder das Visier auf sich persönlich einstellen muß. Wie schon vorher erwähnt, beim Visier streiten sich die Geister: Die einen sagen, daß der Anfänger durch die Zielvorrichtung ein Gefühl dafür bekommt, wie hoch oder nieder er den Pfeil bei verschiedenen Entfernungen schießen soll. Hat er dann einmal das Gefühl, Gefühl zu haben, so soll er es dann ruhig mal ohne probieren.

Andere dagegen vertreten die Meinung, für den Anfänger sei es besser, erstmal sich und den Pfeil auf sich selbst zu verlassen. Entweder ganz instinktiv oder mit dem Auge auf der Pfeilspitze.

Wofür Sie sich auch entscheiden, irgendwann wird es Sie herausfordern, ohne Visier Ihre Pfeile loszulassen – und spätestens dann kommt die Stunde der Wahrheit in Ihrem Vermögen oder Unvermögen, den Pfeilflug auf bestimmte Entfernungen richtig einzuschätzen.

Vorab sei Ihnen, lieber Leser, gesagt: Der Pfeil fliegt in einer Parabel. Sind Sie beispielsweise 10 Meter von der Zielscheibe entfernt, dann halten Sie die Pfeilspitze zirka einen Meter unter den Zielpunkt.

Stehen Sie 25–30 Meter entfernt, halten Sie die Pfeilspitze direkt ins Ziel. Ist die Entfernung über 30 Meter, zielen Sie über den Punkt.

Diese Angaben sind dann ohne Gewähr, wenn Sie beispielsweise eine schlechte Haltung oder einen Compound-Bogen in Händen haben.

Die Pfeile

Nein, wir vergessen sie nicht, die Pfeile. Ist doch ein Bogen ohne Pfeil so wertlos wie ein Fahrrad ohne Rad. Möglich, daß Sie vielleicht dem Gedanken verfallen sind, es sei ganz egal, welche Pfeile man benützt, Hauptsache ist doch, daß man überhaupt einen in den Bogen spannt. Falsch – beim Pfeil und beim Bogen läuft das ab, wie bei einem Ehepaar: Ist jeder für sich schon gut – so sind sie zusammen unschlagbar.

Wie schon der Bogen, hat sich auch sein Partner, der Pfeil, in den letzten Jahren reichlich verändert. Natürlich, Holzpfeile sind immer noch im Angebot, werden auch immer noch gekauft, vor allen Dingen von den Schützen der Langbögen. Die Aluminium- und Carbonpfeile aber sind es, die heute das Rennen machen und schon aus dem einfachen Grund zu empfehlen sind, weil sie nicht so schnell kaputt gehen. Länge, Gewicht, Härte und Gleichmäßigkeit gehören zu den wichtigsten Charaktereigenschaften. Ist Ihr Pfeil beispielsweise zu weich, wird er sich zu stark biegen, wenn Sie ihn losschießen, um dann wie ein Fisch im Wasser auf die Zielscheibe zuzuschwimmen und auch zu treffen. Nur wahrscheinlich nicht dort, wo Sie ihn haben wollten.

Der zu starke Pfeil verhält sich eher wie ein Knüppel: Kaum wird er losgelassen, taumelt er zum Ziel und bringt dasselbe Ergebnis wie sein weicher Kollege, nämlich nichts Genaues.

Sind Sie, lieber Leser, bei der Auswahl der Pfeile auf sich selbst angewiesen, dann helfen Ihnen dabei Tabellen, die die wunderbare Eigenschaft haben, daß man sie sogar entschlüsseln kann. Um die Lösung zu bekommen, müssen Sie nur zwei Dinge wissen:

Als erstes Ihre Pfeillänge und als zweites das Zuggewicht Ihres Bogens, das, wie Sie ja schon zu lesen bekommen haben, sich auf die Länge Ihres Pfeiles bezieht.

Um diese Pfeillänge selbst zu ergründen, dafür gibt es mehrere Möglichkeiten. Eine davon – haben Sie keine Angst, Sie müssen jetzt nicht rechnen – ist folgende:

Sie nehmen einen Pfeil (oder einen dünnen Stock), legen ihn zwischen beide Handflächen – aber bitte mit der Spitze nach vorn –, strecken Ihre Arme gerade vom Körper weg und schieben das Ende des Pfeils, also die Pfeil »Nocke«, in das Grübchen Ihres Kinns. Bei dieser Übung müssen Sie wahrscheinlich mit Ihren Händen nach vorne oder hinten rutschen, damit Sie folgende Endstellung erreichen: Nämlich Pfeil im Kinn und zwischen den Handflächen, Arme ausgestreckt.

An den Enden Ihrer Mittelfinger ist dann der Punkt, wo Sie Ihren Pfeil markieren sollten, denn dies ist Ihre

58

ganz eigene Pfeillänge.

Nun, werden Sie vielleicht fragen, was mach' ich mit dem Pfeil, wenn er zu lang ist. Ganz einfach, Sie sägen ihn ab. Haben Sie anstatt des Pfeils einen dünnen Stock benützt, dann legen Sie bis zur markierten Stelle Ihr Zentimetermaß an. Und wie schon gesagt, rechnen müssen Sie trotzdem nicht, denn die Auswahl-Tabellen sind nicht nur auf Zoll ("), sondern auch auf Zentimeter bezogen. Für Ihre Pfeile können Sie zwischen 7,80 und 59,– DM ausgeben.

Heinrich V. von England war es, der im Jahre 1418 an 14 Grafschaften seines Landes die Anordnung gab, ihm insgesamt 40 000 Gänsefedern zu liefern, damit die Pfeile seiner Langbogenschützen noch bessere Wirkung erzielen. Heute schießt kaum einer mehr mit Naturfedern. Weichplastikfedern, die Wind und Wetter nicht scheuen, sind an ihre Stelle getreten und erfüllen ihren Dienst in verschiedenen Farben und Größen mindestens genauso gut wie das Naturprodukt. Ab 0,50 DM bekommen Sie Ihre Ersatzfedern.

Der Fingerschutz

Also denn, jetzt haben Sie einen Bogen, eine Sehne, Pfeilauflage, vielleicht ein Visier und – natürlich Pfeile. Was fehlt Ihnen jetzt noch, um als korrekt ausstaffierter Anfänger Ihre ersten Schritte in das Leben eines Bogenschützen zu unternehmen? Zwei Dinge noch. Fangen wir mal mit dem

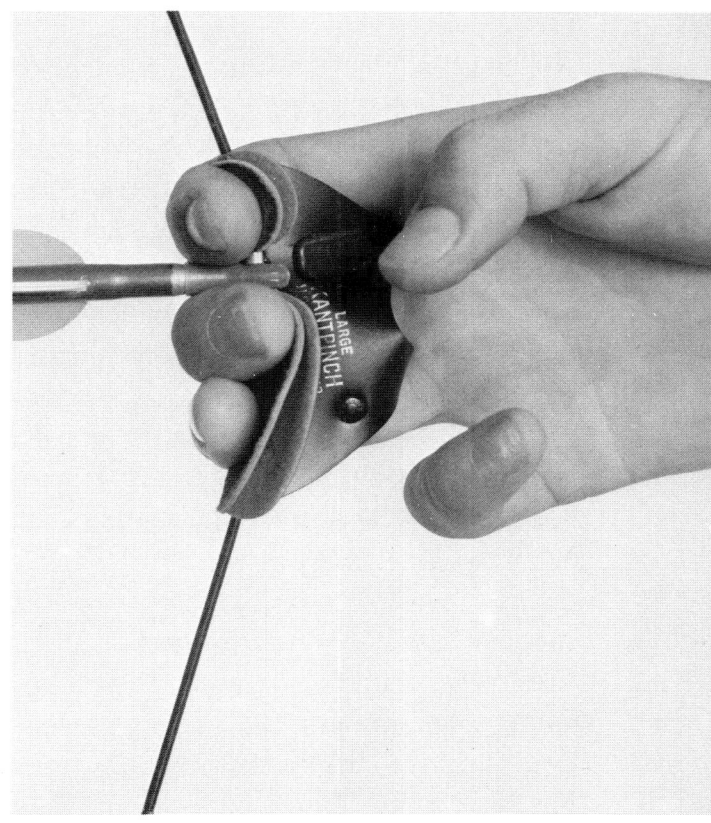

Fingerschutz, den der Eingeweihte »Tab« nennt, an.

Diese Finger-Tabs an sich wirken reichlich funktionslos. Meistens sind sie aus Leder. Kleine Lederstückchen sozusagen, mit einer Schlaufe obendrauf, durch die der Mittelfinger Ihrer Zughand geführt wird. Das Leder dieses Tabs schützt, wenn Sie die Sehne anspannen, die drei anderen Finger. Man sollte es kaum glauben, aber dieses kleine Ding hat ganz schön große Wirkung. Es schützt Sie nämlich vor schmerzhaften Blasen, die Ihnen die dünne Bogensehne mit unglaublicher Geschwindigkeit angedeihen läßt (14,– bis 22,– DM).

Der Armschutz

Als allerletztes und, um noch einen anderen Teil Ihres Körpers vor der Bogensehne zu schützen, sollten Sie sich einen Armschutz anschaffen. Den gibt es aus Plastik und Leder, länger und kürzer. Getragen wird er an dem Arm, der den Bogen hält und dies, zumal als Anfänger, auch manchmal falsch. In dem Fall knallt ihm die Sehne gegen den Arm. Den Rest können Sie sich fast denken: Blau wird der Arm – und natürlich auch dick (12,– bis 25,– DM).

Gehen Sie noch einmal in sich. Sie sind Anfänger, und als solcher sollten Sie sich erstmal mehr auf dem Übungsplatz als in den Regalen oder Katalogen der Händler austoben. Mag sein, daß Sie sich dadurch nicht nur Geld, sondern auch Ärger ersparen. Da wir Ihnen nun aber nicht vorenthalten wollen, was Sie rund um Pfeil und Bogen noch alles erwerben können, sei es kurz notiert:
Fangen wir mal bei Ihrem Körper an.

Enganliegende Kleidung am Oberkörper ist wichtig beim Bogenschießen. Nicht wegen Ihrer Kurven, sondern wieder mal wegen der Sehne, wofür es einen extra Bruststreifschutz gibt, für den Sie zwischen 32,– und 45,– DM ausgeben müssen.

Die Pfeile, das wissen wir, tragen die Schützen in einem Köcher, den sie sich um die Taille schlingen und der zwischen 10,– und 170,– DM kostet. Bogen und Pfeile und was sonst noch alles zur vollwertigen Ausrüstung dazugehört, trägt der Meisterschütze in verschließbaren Aluminium-Koffern (150,– bis 350,– DM).

Die Bögen können natürlich auch noch kosmetisch und funktionell verändert werden. Die Stabilisatoren sind hierbei wohl das gebräuchlichste Mittel. Damit sich der Bogen in dem Moment, in dem Sie den Pfeil loslassen, ruhig verhält und dadurch der Pfeil exakter fliegt, haben die Bögen schon von Geburt an, also ab Fabrik, eingebaute Stabilisatoren. Je nach Bedürfnis aber können Sie später Ihren Bo-

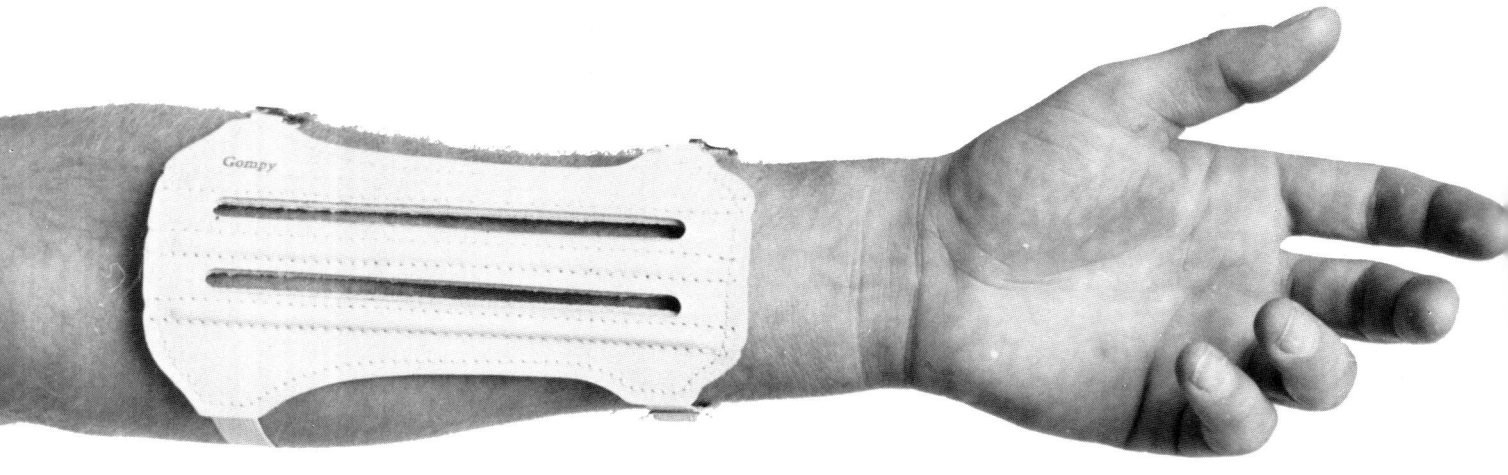

gen noch mit weiteren Stabilisatoren bestücken. Da haben Sie dann eine Auswahl von Mono-, Zwillings-Konterstabilisatoren oder Spinnen aus Stahl, Leichtmetall, Carbon oder Graphitfaser zur Auswahl (56,– bis 160,– DM).

Wenn Sie sich dann aber auch noch ein wenig um Ihren Pfeil kümmern wollen, brauchen Sie die fachsprachlich so genannten »Buttons«. Das sind elastische Anlagepunkte, quasi Stoßdämpfer für den Pfeil am Bogen. Wider alles Erwarten biegt sich nämlich der Pfeil, wenn er mal losgelassen wird, erst in

Nicht nur am reinen Turnierbogen haben die Stabilisatoren ihre Berechtigung: Sie halten den Bogen ruhiger, geben dem Pfeil ein besseres Abschußmoment und erlauben dem Schützen eine Ausbalancierung des Bogens entsprechend seinen Schießbedürfnissen

Richtung zum Bogen, wobei sein Bukkel gegen den Bogen drückt, ihn zur Seite wegschieben will. Der Button läßt das nicht zu und macht dadurch den Pfeilflug ruhiger (36,– bis 70,– DM).

Die Schießscheibe

Einen relativ hohen Kostenpunkt stellt die eigene Schießscheibe dar: Zwischen 170,– und 280,– DM muß man dafür ausgeben. Der dazu passende Ständer kostet noch einmal rund 40,– DM. Wem das zu teuer ist, baut sich seine Scheibe aus Styropor-Platten selbst und kauft nur die Scheibenauflagen, die zwischen 5,– und 20,– DM kosten.

61

Das Bogenschießen, sagen die Eingeweihten, sei eine relativ einfache Sportart. Beispielsweise, so behaupten sie, vergleichbar mit ganz natürlichen Dingen des Lebens wie Laufen oder Radfahren. Die Einschränkung, die dann folgt, bezieht sich wieder aufs Laufen oder Radfahren – denn auch hier, wie beim Bogenschießen ist die richtige Haltung und der richtige Bewegungsablauf das A und O der Sache. Stehe ich richtig – schieße ich richtig, ist leichter geschrieben als getan, und ganz bestimmt brauchen Sie jemanden, der Sie in Ihrer Haltung korrigiert und sei dies notfalls ein Spiegel.

Nun, fangen Sie an, das korrekte Stehen und damit, irgendwann einmal, das fehlerlose Schießen zu erlernen!

1. Stand

Beide Beine auf Schulterbreite gespreizt, mit der Körpermitte über Schießlinie. Der Schwerpunkt des Körpers liegt in der Mitte zwischen den beiden Füßen. Eine gedachte Linie, die beide Fußspitzen berührt, läuft bis zur Scheibenmitte. Das Körpergewicht ist gleichmäßig auf beide Beine verteilt. Die Knie sind entspannt. Man steht erdverbunden. Den Kopf in Richtung Ziel drehen, dabei den Blick nicht senken und nicht heben. Mit den Augen das Ziel erfassen und sich die Phasen des Schußablaufes mental vorstellen.

2. Nocken des Pfeiles

Der Nockpunkt muß so angebracht sein, daß die Unterkante des Pfeilnocks ca. 3 mm höher liegt als eine im rechten Winkel bestimmte Linie von der Sehne bis zur Oberkante des Auflagefingers der Pfeilauflage.
Bogen senkrecht halten, Pfeil mit der rechten Hand am Schaftende, kurz vor der Befiederung fassen und ihn zwischen Sehne und Mittelstück hindurch auf die Pfeilauflage legen. Daumen-, Zeige- und Mittelfinger ziehen den Pfeil mit der Nocke auf die Sehne.
Die Leitfeder zeigt vom Bogenfenster weg. Der Pfeilstock muß hörbar auf der Sehne aufnocken (einrasten).

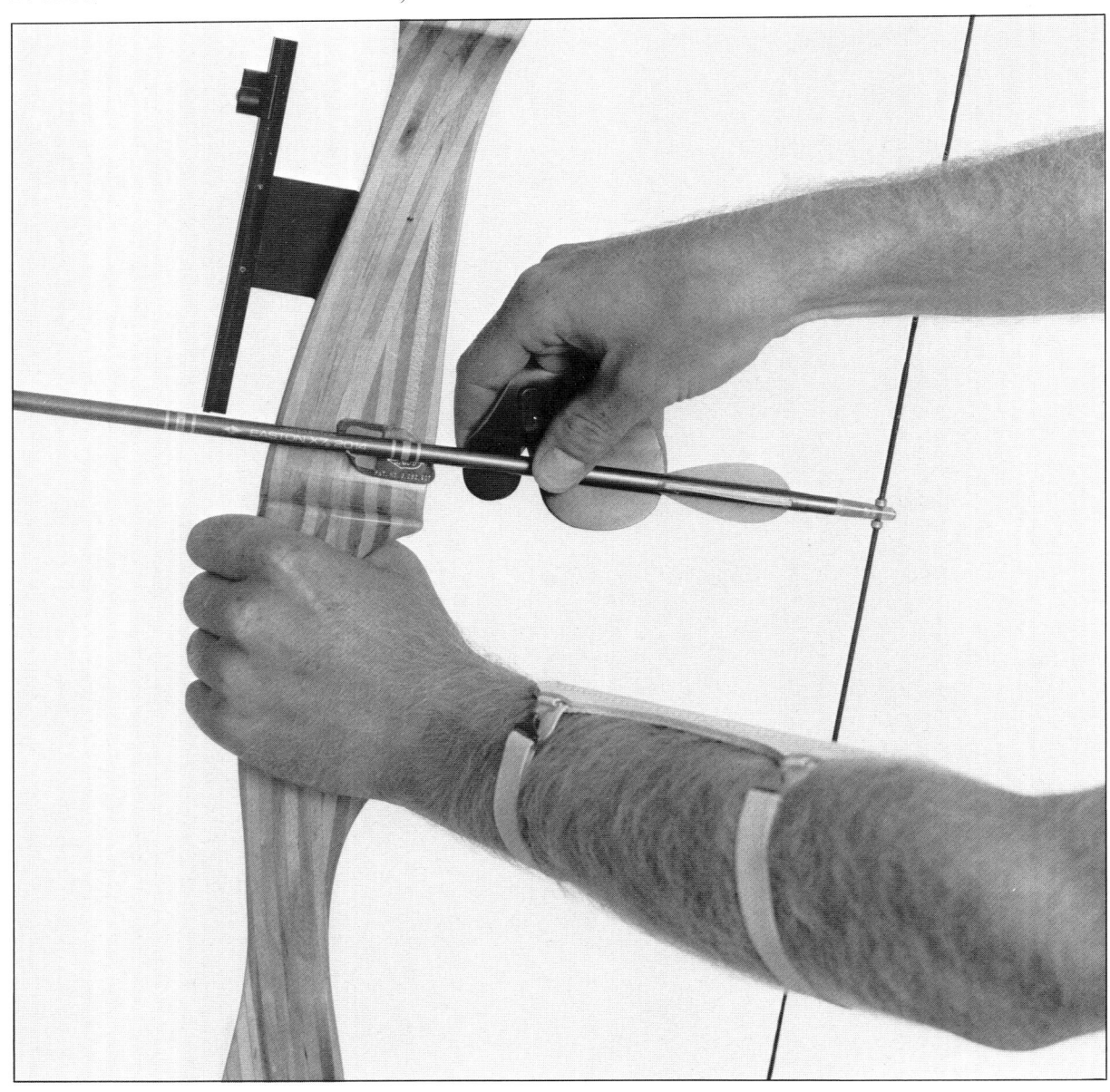

3. Sehne vorspannen

Die Sehne liegt in der ersten Fingerbeuge. Der Zeigefinger liegt oberhalb des Pfeils; Mittel- und Ringfinger unterhalb. Alle drei Finger sollten möglichst gleichen Druck auf die Sehne ausüben.

Der Ellbogen des Zugarmes darf nicht unterhalb der Schulterhöhe liegen.

Der Bogenarm ist in Schulterhöhe ausgestreckt. Die Ellbogenbeuge ist abwärts gerichtet, weg vom Bewegungsgang der Sehne.

Der Handdruck auf dem Bogengriff liegt im »Y«, welches durch den Daumen und Zeigefinger der Bogenhand gebildet wird.

4. Sehnenzug

Bei geradem, gestrecktem Bogenarm und gelockertem Zugarm ziehen. Bogenarm und Pfeil bilden dabei eine Parallele. Mit der Schultermuskulatur den Ellbogen des Zugarms um den Körper herumziehen. Niemals den Bizeps einsetzen. Die Zugrichtung entspricht der Pfeilverlängerung nach hinten. Der Ellbogen der Zughand darf niemals unter der Schulterlinie liegen. Durch gleichmäßigen Druck mit dem Bogenarm in Scheibenrichtung erhöht sich die Zugspannung, und die Sehne wird nahe am Bogenarm langsam und locker in gerader Richtung zur Kinnmitte gezogen.

5. Ankern

Indem die Zughand in direkter Folge zur Zugbewegung am Kinn verankert wird, schafft man eine konstante Abschußbasis und die Voraussetzungen für eine exakte Zielgeometrie. Durch den festen Kinn-/Nasenkontakt mit der Sehne erfolgt der Aufbau einer vertikalen Bezugsebene, und durch Stabilisierung derselben (Abdeckung des Sehnenschattens mit der Fensterkante des Bogenmittelstücks) wird der beim Bogenschießen sonst fehlende zweite Visierpunkt geschaffen. Ein perfektes, immer gleiches Ankern schafft die besten Voraussetzungen, einen guten Schuß zu wiederholen.

6. Straffen und Halten

Die Schulter- und Rückenmuskulatur ist gespannt. Der Ellenbogen der Zughand ist auf Schulterhöhe. Der Bogenarm und die Schulter liegen auf einer geraden Linie. Sie sind die Verlängerung des Pfeils und bilden das Kanonenrohr, mit dem der Pfeil abgeschossen wird. Den Ellenbogen der Zughand möglichst nahe an die Linie Bogenarm–Schulter bringen. Die drei Finger der Zughand, zu Haken geformt, halten die Sehne. Der restliche Zugarm (Hand-, Unterarm- und Oberarmmuskeln) ist entspannt. Die Schulterblätter sind, ähnlich wie beim Brustschwimmen, zusammengezogen.

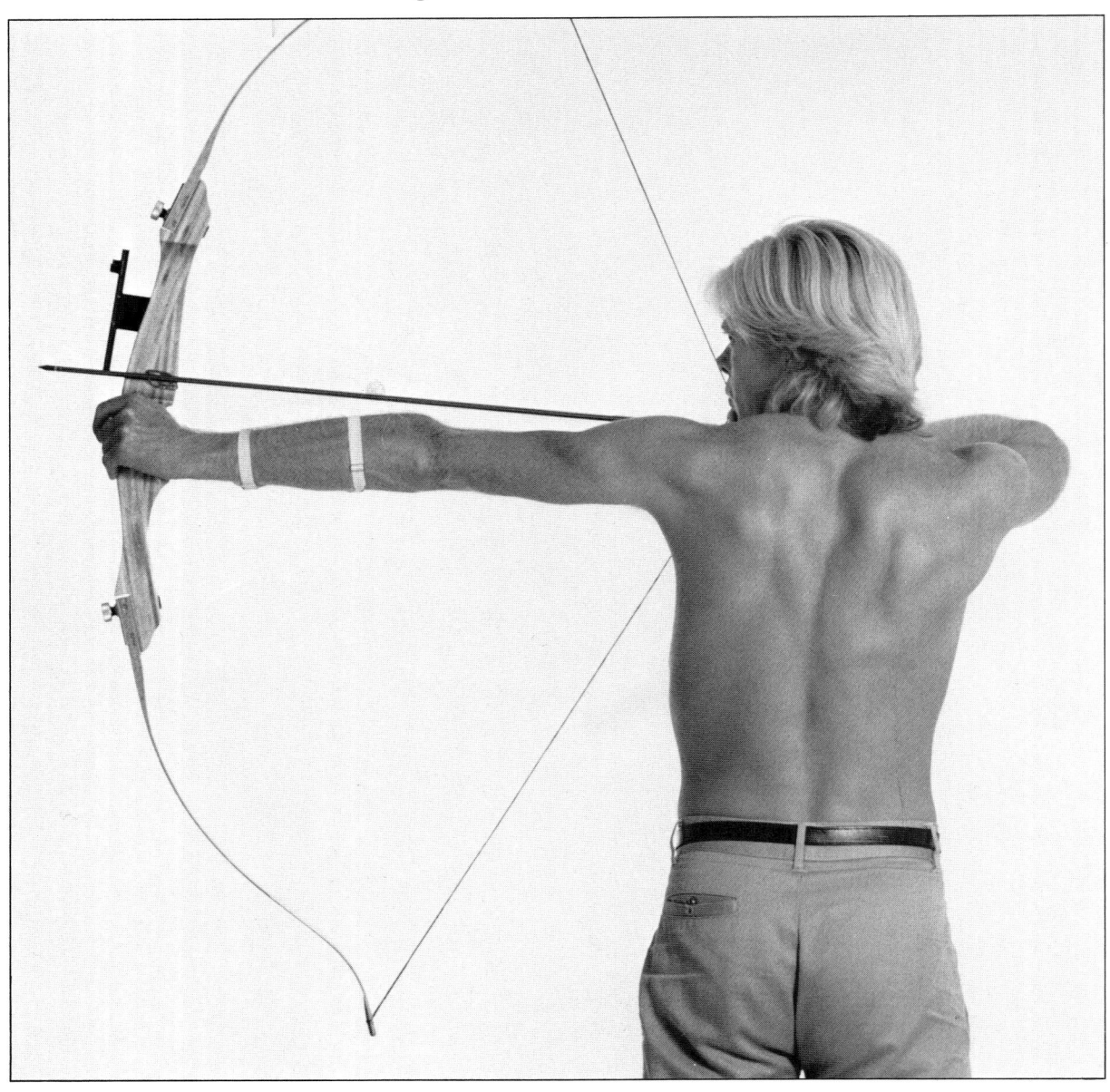

7. Zielen

Die gesamte Haltung, wie vorher mental geübt, nochmals überprüfen, wenn notwendig korrigieren. Jetzt feinvisieren. Das Visierkorn liegt in Zielmitte. Die Sehne – das Auge sieht nur einen Sehnenschatten – deckt sich mit der Augenkante des Bogenmittelteils. Das Feinzielen sollte in ca. 3 Sekunden abgeschlossen sein.

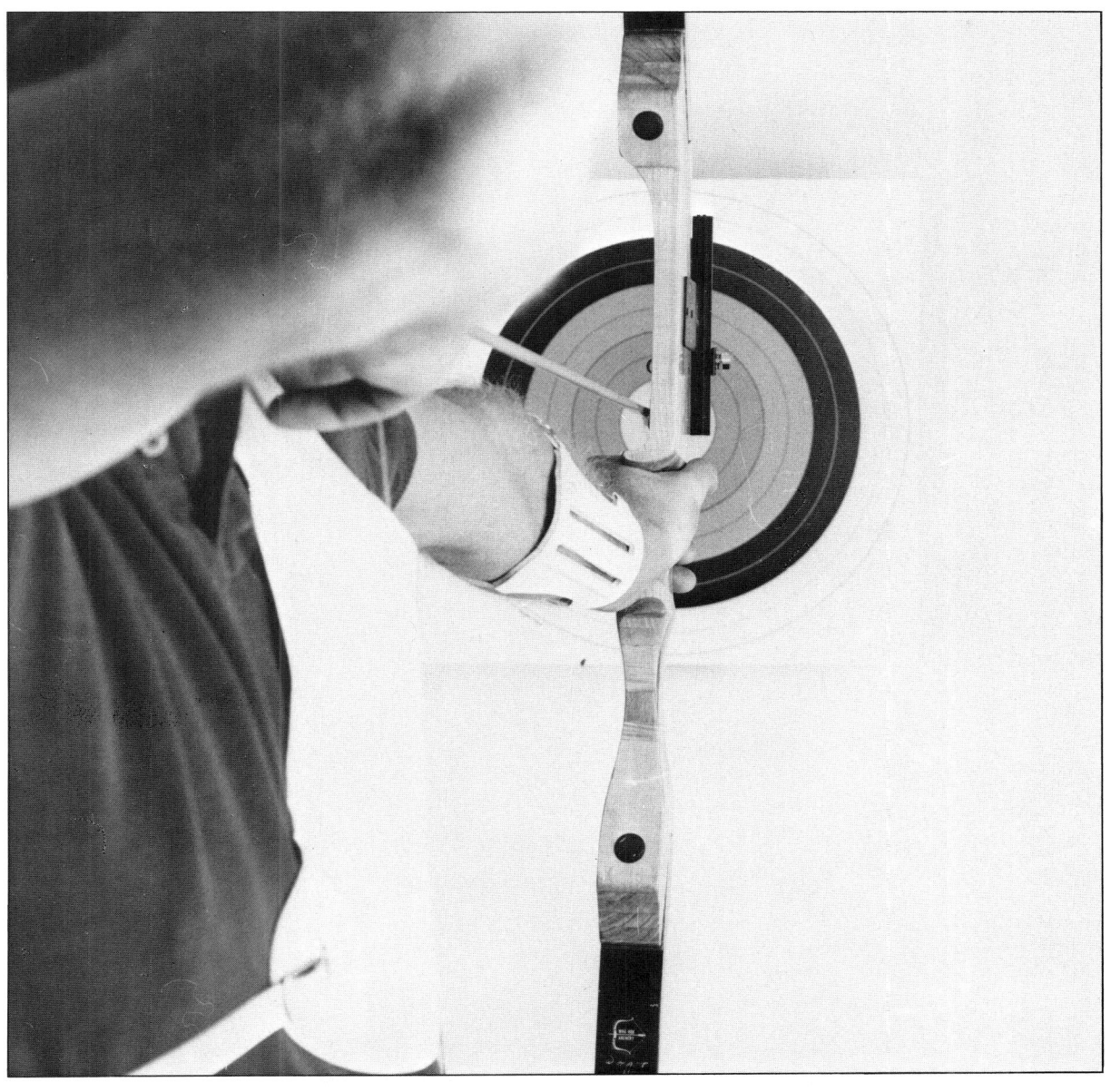

69

8. Auslassen

Nur die Finger der Zughand öffnen. Je schneller und glatter die Bewegung, umso geringer der seitliche Sehnenreflex, umso gerader der Pfeilflug. Während die Finger geöffnet werden, arbeitet noch immer die Schultermuskulatur und zieht die Schulter zusammen. Die vom Sehnenzug entlastete Hand wird durch den Rückenmuskelreflex nach hinten, längs des Kinns, am Ohr vorbei, zum Hinterkopf gezogen, wo sie einen Moment verharrt. Man muß lernen, beide Muskelgruppen – die der Finger der Zughand und die der Schulter – unabhängig voneinander jede für sich zu belasten und entlasten.

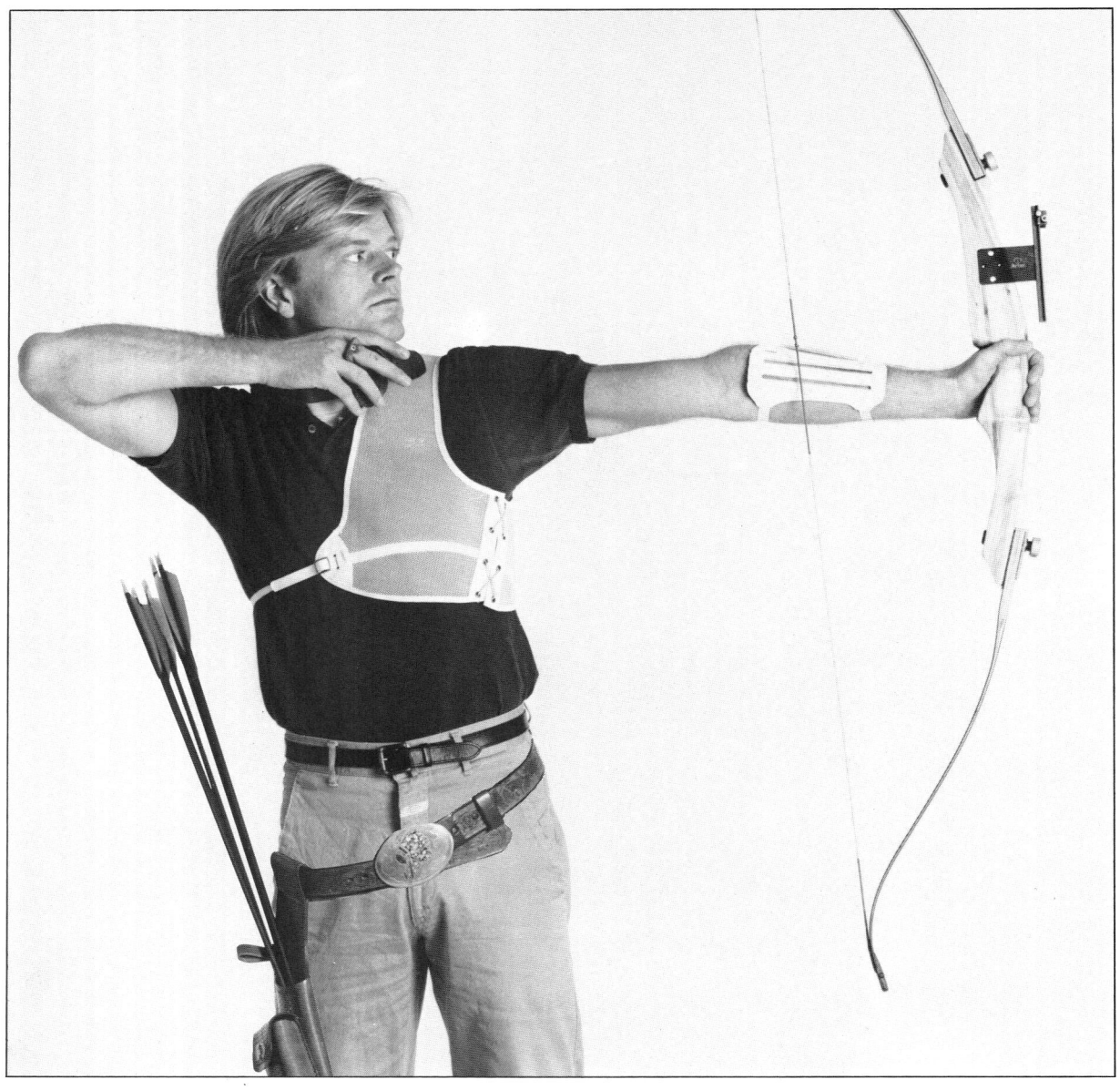

9. Nachhalten

Bis der Pfeil das Ziel trifft, in der Ausgangsposition verharren. Die Zughand ruht im Nacken. Der Bogenarm bleibt ausgestreckt in Zielrichtung. Das Auge zielt weiter. Erst nach dem Auftreffen des Pfeiles entspannen und lockern. Jetzt den Schuß überdenken und analysieren. Die erkannten Fehler vergegenwärtigen, einprägen und bemühen, beim nächsten Mal zu eliminieren.

Das richtige Atmen nach 9 Schritten

»Das Bogenschießen«, hat einmal ein Japaner gesagt, »ist ganz einfach – es ist die Kunst des Identischen«. Für den Anfänger bedeutet das: Üben, üben und nochmals üben – bis die verschiedenen Bewegungsabläufe zu einer harmonischen Einheit geworden sind, die er, wenn nötig, sogar im Unterbewußtsein reproduzieren könnte.

Es klingt unglaublich, aber jene Bogenschützen mit einer besonders ausgefeilten Technik entwickeln einen solch natürlichen Rhythmus des Zeitablaufs, daß bei jedem Schußvorgang die gleiche Sekundenzahl gestoppt wird. Zu diesem Rhythmus gehört auch das richtige Atmen, das sich in den Zeitablauf einfügt. Je ruhiger der Schütze stehen und den Bogen halten kann, umso besser wird sein Ergebnis sein. Hierzu verhilft ganz wesentlich das richtige Atmen. Die meisten Schützen machen dies nach der folgenden Methode:

Ein- bis dreimal ruhig durchatmen (nicht zu tief und nicht zu flach). Wird der Bogen hochgenommen, holt man Luft. Danach folgt der Auszug und mit ihm gleichzeitig das Ausatmen. Dabei atmet man nur soweit aus, bis das Gefühl der ruhigsten Körperhaltung erspürt wird.

Weniger, aber doch etwas Übung brauchen Sie natürlich für das richtige Luftholen. Wobei es Ihnen ganz be-stimmt helfen wird, daß Sie bei zu tiefem Ausatmen sehr schnell in Atemnot kommen werden und umgekehrt beim Auszug der Sehne im eingeatmeten Zustand den Überdruck in Ihren Blutgefäßen spüren, weil er das bekannte „Klopfen" verursacht.

Fehler und ihre Ursachen

Theoretisch können Sie jetzt stehen, spannen und zielen; Sie können loslassen und richtig atmen – und Sie treffen trotz allem nicht dorthin, wo Sie wollen? Seien Sie beruhigt, dies haben schon viele vor Ihnen erlebt. Vielleicht jedoch kann Ihnen die Liste über die gebräuchlichsten Fehler und ihre Ursachen helfen, Ihre Schwachstelle zu finden:

Die meisten Fehler werden gemacht durch:
● Zu festem Griff am Bogen
● Zu steifer Zughand
● Unsicherem Ankern
● Nachlassen im Auslaßmoment
● Nichtbeachten der Nachhalteregel
● Zu frühem Aufschauen nach dem Auslassen der Sehne

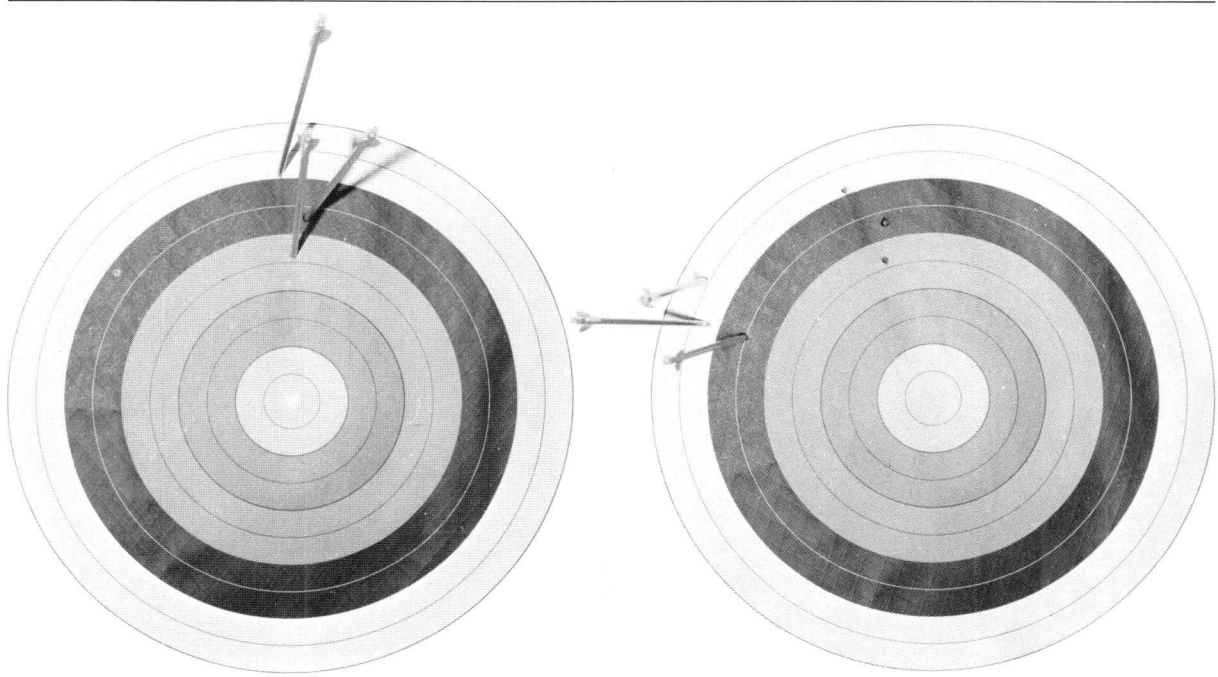

Fehler: Pfeile treffen Mitte oben

Mögliche Ursachen:
1. Zu niedrige Visiereinstellung
2. Bogen angehoben
3. Pfeil angehoben
4. Sehne nach unten verrissen
5. Pfeil lag über der Auflage
6. Zughand vor dem Abschuß nach unten gedrückt
7. Überzogen
8. Mund offen, Ankerpunkt unterm Kinn zu locker

Mögliche Beseitigung:
1. Visier höherstellen
2. Beim Lösen Bogenarm beachten, Blickkontrolle
3. Finger beim Fassen der Sehne stärker spreizen, um dem Pfeil mehr Spiel zu geben
4. Sehne mit allen Fingern gleichmäßig schnell auslassen
5. Prüfen, ob Pfeil auf der Auflage liegt
6. Beim Abschuß mit dem Zeigefinger am Kinn bleiben, bzw. am Kinn entlang etwas abrutschen lassen
7. Früher lösen
8. Auf geschlossenen Mund achten, Zeigefinger fester unters Kinn pressen

Fehler: Pfeile treffen oben links

Mögliche Ursachen:
1. Vor dem Abschuß mit dem Bogen nach links gekippt
2. Fehlen des »Schulterzugs«
3. Überlanges Halten bei vollem Auszug
4. Zurückbeugen des Körpers
5. Verreißen
6. Bogen bei geschlossener Hand zu fest gefaßt
7. Verkrampfte Finger der Zughand

Mögliche Beseitigung:
1. Bogenarm kontrollieren und stabilisieren
2. Rückenmuskeln stärker einsetzen
3. Konsequentes Ausziehen, Bogenarm straffen
4. Aufrechte Körperhaltung überprüfen, Fußstellung abändern
5. Finger beim Ausziehen und vor dem Lösen stärker lockern
6. Bogen locker halten
7. Finger der Zughand gleichmäßig belasten und aufmachen

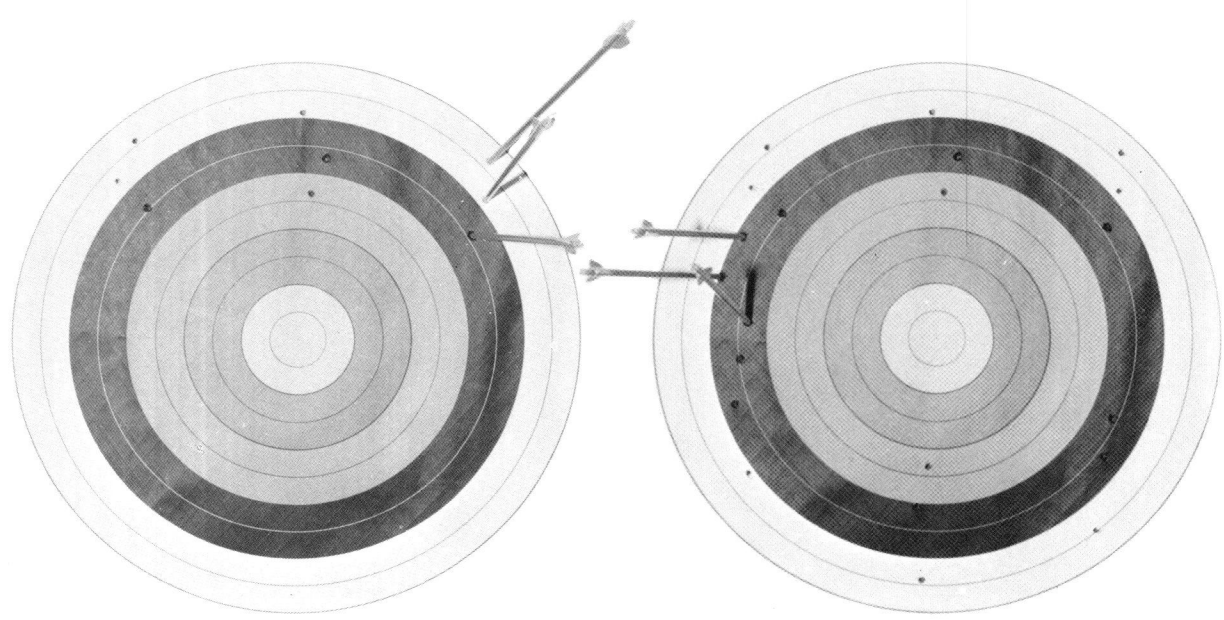

Fehler: Pfeile treffen oben rechts

Mögliche Ursachen:

1. Vor dem Abschuß mit dem Bogen nach rechts gekippt
2. Ellenbogen des Bogenarms nicht durchgedrückt
3. Bogen nach links geschoben
4. Die Zugfinger nicht gleichmäßig belastet

Mögliche Beseitigung:

1. Bogenarm kontrollieren und stabilisieren
2. Bogenarm gerade halten, stärker spannen
3. Abschußhand lockerer halten
4. Die Zugfinger sollten im Idealfall möglichst gleichmäßig belastet sein

Fehler: Pfeile treffen links

Mögliche Ursachen:

1. Visier zu weit rechts eingestellt
2. Körper war zurückgebeugt
3. Sehne zu lang, Pfeil zu steif
4. Mit den Fingern die Sehne nach außen gerissen
5. Gegen den Arm geschossen
6. Sehnenschatten nicht beachtet

Mögliche Beseitigung:

1. Visier weiter nach links einstellen
2. Gerade, aufrechte Haltung üben
3. Kürzere Sehne, weniger steifen Pfeil benützen
4. Beim Abschuß mit dem Zeigefinger am Kinn bleiben, bzw. etwas abrutschen lassen
5. Ellenbogen nach außen drehen, damit die Sehne freikommt
6. Das Auge sieht nur einen Sehnenschatten

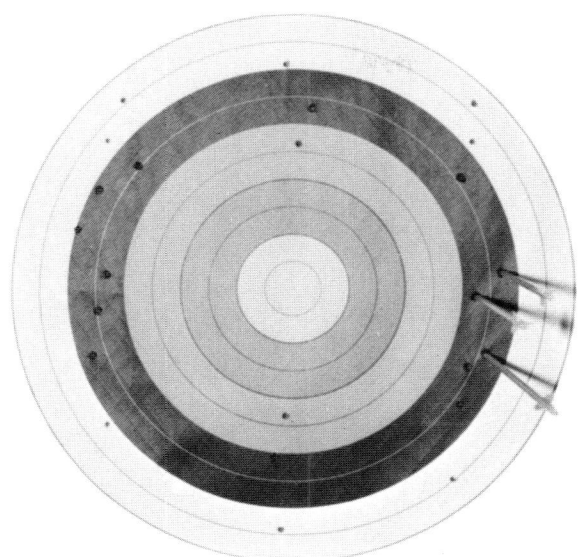 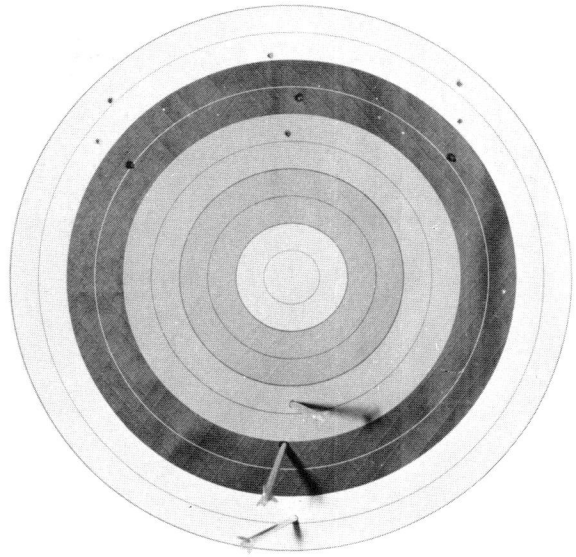

Fehler: Pfeile treffen rechts

    Mögliche Ursachen:

1. Visier zu weit links eingestellt
2. Bogenhand nach außen gebogen
3. Ellenbogengelenk des Bogenarms war nicht gestreckt
4. Sehne zu kurz, Pfeile zu weich
5. Sehnenschatten nicht beachtet

    Mögliche Beseitigung:

1. Visier weiter nach rechts einstellen
2. Handrücken gerade ansetzen
3. Bogenarm-Ellenbogengelenk durchdrücken
4. Steifere Pfeile oder längere Sehne verwenden
5. Das Auge sieht nur einen Sehnenschatten

Fehler: Pfeile treffen unten Mitte

    Mögliche Ursachen:

1. Visier zu hoch eingestellt
2. Bogen vor dem Lösen »fallengelassen«
3. Gegen den Armschutz geschossen
4. Nicht weit genug ausgezogen
5. Anker nicht am Kinn geschlossen
6. Sehne war nicht an der Nasenspitze
7. »Vorwärtsabschuß«

    Mögliche Beseitigung:

1. Visier tiefer einstellen
2. Blickkontrolle, beim Lösen Bogenarm beachten
3. Ellenbogen nach außen drehen oder Bogenhand besser plazieren
4. Auf vollen Auszug achten
5. Auf genaues Unter-dem-Kinn-Ankern achten
6. Sehne bewußt an die Nasenspitze legen
7. Fassen der Sehne verbessern, Spannung der Rückenmuskeln bis nach dem Lösen aufrechterhalten

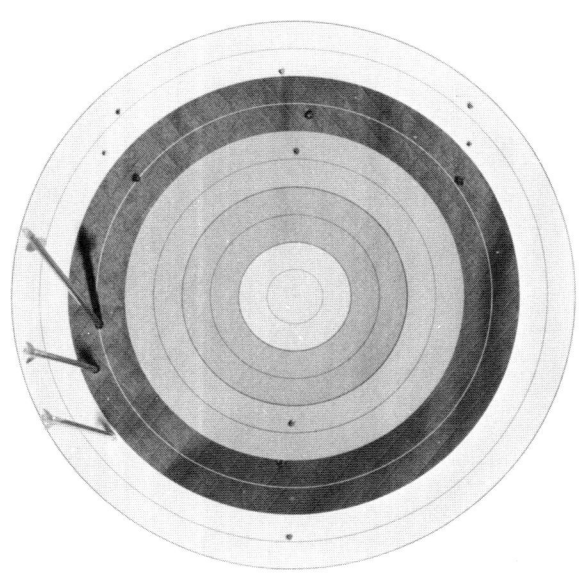 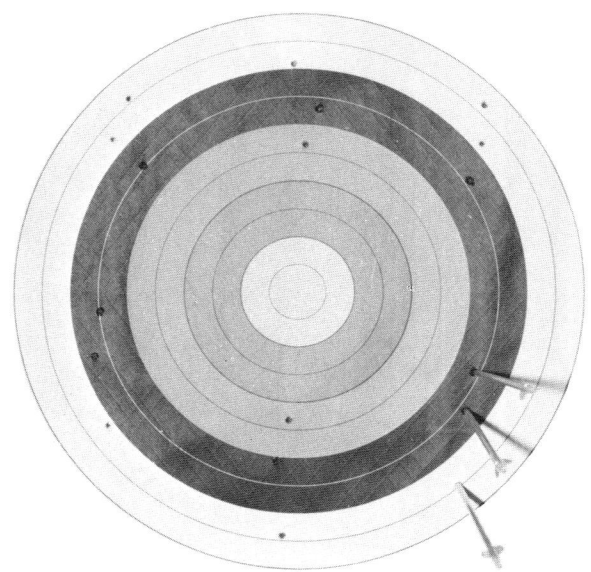

Fehler: Pfeile treffen unten links

Mögliche Ursachen:
1. Bogen wird nach Lösen des Pfeiles nach unten gerissen
2. Anker unter dem Kinn befand sich nicht in der Mitte, sondern unter der rechten Kinnhälfte
3. Abschuß mit zu lockerer Abschußhand (Sehnenhand)

Mögliche Beseitigung:
1. Bogenarm kontrollieren und stabilisieren
2. Unter Kinnmitte ankern
3. Rückenmuskelspannung bis nach dem Lösen halten

Fehler: Pfeile treffen unten rechts

Mögliche Ursachen:
1. Verkrampfte Abschußhand (Sehnenhand)
2. Zu früh gelöst
3. Vorwärtsabschuß mit seitlichem Wegdrücken des Bogens
4. Mangelhaftes Nachhalten

Mögliche Beseitigung:
1. Hand beim Ziehen, vor und während des Lösens möglichst locker halten
2. Langsamer ziehen, Körper straffen
3. Spannung in Rücken und Schulter aufrechterhalten, Blickkontrolle beim Abschuß, um den Bogenarm in Scheibenrichtung zu belassen
4. In konsequenter Haltung lange nachhalten

Das Bogenspannen

Noch was? Ja, noch ein paar letzte Grundsatzbemerkungen zu Ihnen und Ihrem Bogen. Ein paar Dinge nämlich gibt es noch, die sie vielleicht nicht wissen. Was? Das glauben Sie nicht? Dann lesen Sie mal!

Schießen Sie niemals einen Bogen ohne Pfeil, wenn Ihr Bogen weiterhin Ihr Freund oder der Händler noch längere Zeit Ihr Berater sein soll. Die Kraft, die beim Loslassen der Sehne in den Pfeil geht, verbleibt ohne ihn im Bogen. Das macht nichts, denken Sie. Es macht eine ganze Menge. Schlimmstenfalls angebrochene oder abgebrochene Bogenarme.

Bevor Sie ihren Bogen, sei es Compound, Recurve oder Langbogen benützen, prüfen Sie die Sehnen und Befestigungen.

Lassen Sie einen Recurve- oder Langbogen niemals mit gespannter Sehne liegen, wenn Sie ihn nicht benützen. Um den Bogen neu zu spannen, verwenden Sie einen alten Gürtel aus Ihrem Kleiderschrank, oder kaufen Sie sich einen Bogenspanngurt, durch den das Verdrehen des unteren Wurfschenkels zuverlässig verhindert wird. Eines ist dabei grundsätzlich zu beachten: Nach jedem Spannen des Bogens, gleichgültig auf welche Art es geschah, müssen die Bogenarme danach überprüft werden, ob keine Verwindung eingetreten ist.

Der Spannriemen sorgt für eine gleichmäßige Druckverlagerung auf die Basis der Recurve und verhindert somit eine Verdrehung des unteren Wurfarms. Trotzdem nicht vergessen: Überprüfen, ob die Sehne beidseitig jeweils mittig im Wurfarm verläuft.

Die Sicherheit

Der Anfänger kann sich wohl kaum vorstellen, welch ungeheuerliche Durchschlagskraft die abgeschossenen Pfeile entfalten. Wenn Sie also in Ihrem Garten schießen, so sollten Sie eines bedenken: Ein Pfeil von einem Sportbogen, im Winkel von ca. 45° abgeschossen, kann eine Entfernung von 250 Metern erreichen. Nimmt man dies als Sicherheitsmaßstab, so müßte jeder Schießplatz mindestens diese Länge aufweisen. Die Vorschriften beschränken sich aber darauf, davon auszugehen, daß Pfeile von Bogenschützen grundsätzlich gezielt auf die Scheibe abgeschossen werden. Verfehlen solche Pfeile ihr Ziel, so fliegen sie nur wenige Meter am Ziel vorbei. Dagegen können Pfeile, die das Ziel noch streifen, unkontrolliert viel weiter fliegen – und auf diese Pfeile sind die allgemeinen Sicherheitsbestimmungen festgelegt.

Sie besagen nämlich, daß beim Schießen auf die weiteste Wettkampfentfernung (90 Meter) in freiem, ebenem Gelände die zu sichernde Zone von der Abschußlinie in Schußrichtung 200 Meter betragen muß. Diese Zone kann verkürzt werden, wenn unmittelbar hinter der auf 90 Meter stehenden Scheibe ein Erdwall, Pfeilfangnetz, Zaun oder ähnliches in Höhe von 6 Metern aufgestellt ist.

Die Entfernung zwischen der auf 90 Meter stehenden Scheibe und der Pfeilfangvorrichtung beeinflußt deren Höhe. Bei einer Strecke von ca. 30 m zwischen Scheibe und Pfeilfangvorrichtung ist eine Höhe von 3 m zugelassen.

Die seitliche Sicherheitszone beträgt 25 Meter zu beiden Seiten der äußeren Scheiben. Auch diese kann durch das Aufstellen von Blenden wesentlich verringert werden.

Vor Beginn des Schießens müssen Sie sicher sein, daß niemand in der Sicherheitszone ist, die sich, wenn auf kürzere Entfernung geschossen wird, entsprechend verringert.

Nun sei noch gesagt: Schießen Sie niemals in die Luft, der Pfeil kommt mit fast der gleichen Geschwindigkeit wieder runter und bitte achten Sie darauf, daß, wenn Sie schießen, der Rest der Familie sich hinter der Schußlinie befindet.

Dies war nun ein kleiner Teil von dem, was Sie in Ihrer Praxis als Bogenschütze so alles erwartet. Und wie schon anfangs gesagt: Scheuen Sie sich nicht, viele Fragen zu stellen und sich von den zuständigen Händlern, Vereinen und Verbänden ausführlich beraten zu lassen. Nur dann geht's auf „ins Gold", wie es die alten Hasen unter den Bogenschützen so schön sagen. Probieren Sie es einfach mal. ∎

*An der Scheibe wird der Pfeil zwischen Zeige- und Mittelfinger gehalten,
um ihn beim Herausziehen vor Verbiegen oder Brechen zu schützen*

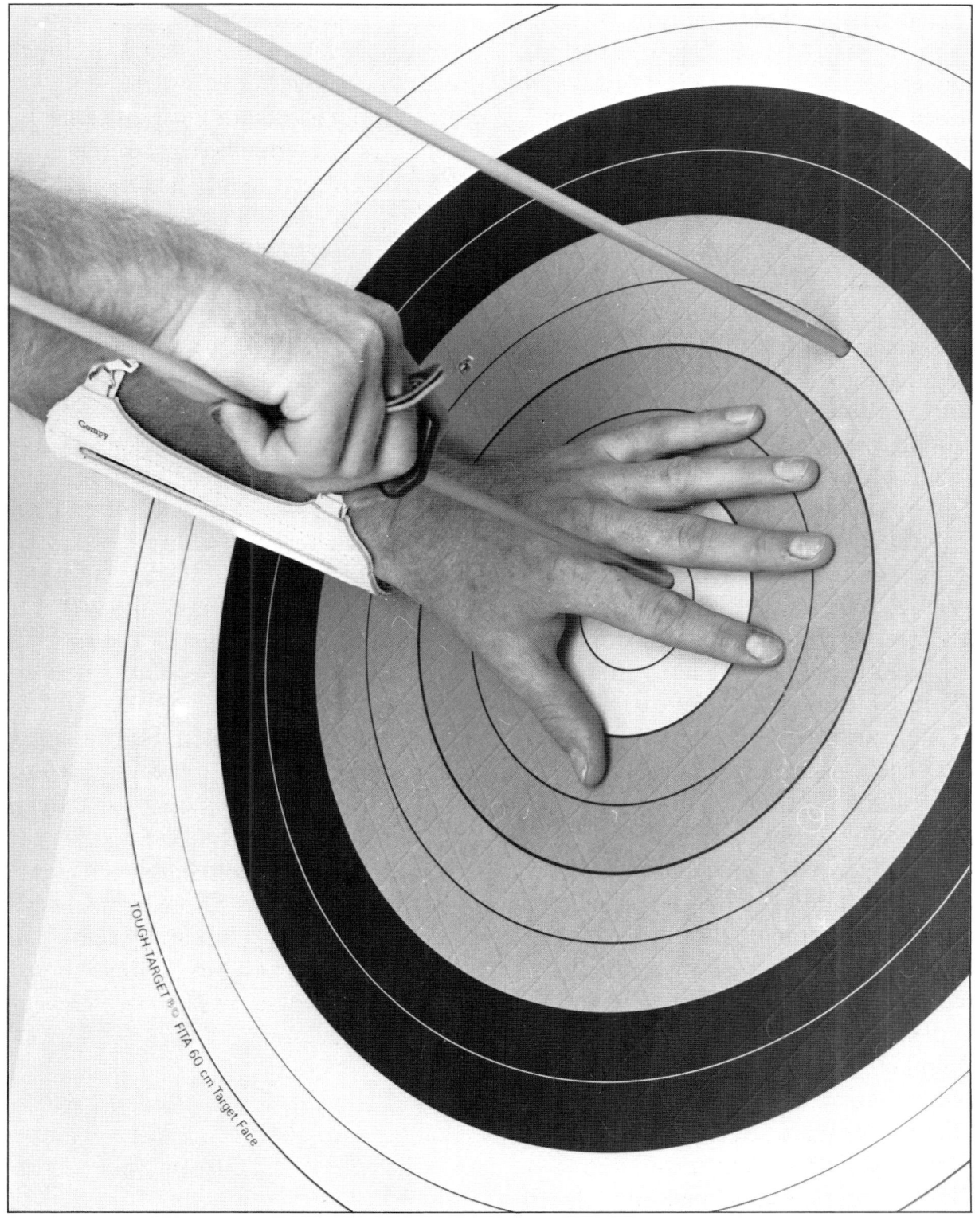

Zen und die Kunst des Bogens

Bei den traditionellen japanischen Bogenschießarten ist seit alters her jede Bewegung genau vorgeschrieben und hat eigene Symbolkraft

»Zen ist das tägliche Bewußtsein« (Baso Matsu, gest. 788)

Warum, so fragt man sich, soll hinter dem Bogenschießen etwas anderes gesehen werden, als vielleicht ein maximal perfektioniertes, sportliches Können?

Warum soll eine Waffe, die einst über Leben und Tod, über Aufstieg und Fall von Nationen entschied, einen Platz in der mystischen Geheimlehre der buddhistischen Schule der Meditation, des Zen, eine Rolle spielen?

Für die Japaner, die diese Kunst des Bogenschießens seit Jahrhunderten lehren, war es niemals nur ein sportliches Können, sondern ein Können, dessen Ursprung in geistigen Übungen zu suchen ist und dessen Ziel in einem geistigen Treffen besteht. Eine Kunst, die geachtet und als Vermächtnis geehrt wurde.

Im Zen-Buddhismus, der ursprünglich von Indien über China im 12. Jahrhundert nach Japan gebracht wurde, spielt das Bogenschießen neben der Tuschmalerei, der Schwertmeisterschaft, der Kunst des Blumenstellens sowie der Schauspielkunst eine besondere Rolle. Die Zen-Buddhisten, die alle Dinge und alles Geschehen im einfachsten Wesensgrund zu erfassen und darzustellen versuchen, um das eigene Ich in die Mitte des Daseins zu rücken, verwandelten so auch den Sinngehalt des Bogenschießens. Pfeil und Bogen ist für sie ein Instrument der Meditation, ein Werkzeug der Selbstzucht geworden. Der Zen-Schütze ist Zielender und Ziel, Treffender und Getroffener. Worte, die für uns in der westlichen Welt nicht nur Geheimnisse bergen, sondern meist auch rätselhaft klingen. Einer der wesentlichsten Faktoren des Bogenschießens und jener anderen Künste, die in Japan ausgeübt werden, ist die Tatsache, daß sie alle eine geistige Haltung voraussetzen und diese je nach ihrer Eigenart bewußt pflegen. Daß sie keinem nützlichen Zweck dienen, sondern nur der Schulung des Bewußtseins und diese in Beziehung zur letzten Wirklichkeit bringen sollen. »Man weiß, indem man es nicht weiß« – um dieser Erfahrung willen schlägt der Zen-Buddhismus, auch »Dhyana« genannt, Wege ein, wie ständiges, methodisch geübtes Sichversenken, das dazu führen soll, mit sich eins zu werden – die innere Ruhe zu finden.

Wen wundert's, daß diese Formeln auf uns oft undurchsichtig, geheimnisvoll, unlösbar und dennoch unwiderstehlich anziehend, ja faszinierend wirken. Zen ist keine Philosophie im herkömmlichen Sinne. Es ist keine Theologie und hat kein formales Glaubensbekenntnis oder Lehre. Ganz egal, ob Buddhist oder Christ, ob Wissenschaftler oder Arbeiter – dem Zen kann jeder folgen.

»Um wirklich Meister im Bogenschießen zu sein, genügt technische Kenntnis nicht. Die Technik muß überschritten werden, so daß das Können zu

Bei der Hikime Zeremonie
wird mit speziellen Pfeilen geschossen,
deren Pfeilspitzen aus Horn oder Holz
durchlöchert sind und beim Flug
ein schrilles Pfeifen von sich geben.
Von alters her werden die Hikime Pfeile benützt,
um Katastrophen zu verhindern,
das Böse abzuwenden;
und Frieden und Glück zu bringen.

einer nicht gekonnten Kunst wird, die aus dem Unbewußten erwächst.

In Bezug auf das Bogenschießen heißt das, daß Schütze und Scheibe nicht mehr zwei entgegengesetzte Dinge sind, sondern eine einzige Wirklichkeit. Der Bogenschütze ist nicht mehr seiner selbst bewußt, als stünde ihm die Aufgabe zu, die Scheibe vor ihm zu treffen. Dieser Zustand der Unbewußtheit wird aber nur erreicht, wenn er von seinem Selbst vollkommen frei und gelöst ist, wenn er eins ist mit der Vollkommenheit seiner technischen Geschicklichkeit. Dies ist etwas völlig anderes, als jeder Fortschritt, der in der Kunst des Bogenschießens erreicht werden könnte«. (D. T. Suzuki, im Vorwort zu »Zen in der Kunst des Bogenschießens«).

Bei der Kunst des Bogenschießens im Zen (Kyudo) ist das wahre Ziel die eigene Brust, das eigene Herz. Und auch die modernen Meisterschützen mit ihren Sportbögen müssen eine Harmonie von Bewußtem und Unbewußtem erreichen, was viele der Turnierschützen durch Meditation oder autogenes Training zu erlangen versuchen.

Doch im Gegensatz zum Kyudo bedeutet diese Harmonie nicht »Ziel«, sondern sie ist nur eine Voraussetzung, um das eigentliche Ziel, die Höchstleistung, zu erreichen.

Es liegt wohl im Trend der Zeit, daß immer mehr Menschen in der westlichen Welt versuchen, etwas Ruhe in-

mitten der hektischen Unruhe der Umgebung zu finden. Auch in Deutschland werden deshalb immer mehr Kurse angeboten, die das Bogenschießen in der Kunst des Zen lehren. Doch Interessenten sei vorab gesagt: Der Umgang mit Pfeil und Bogen erfordert manchmal jahrelange Geduld und erscheint oft rigoros und eintönig. Um mit dem zirka zwei Meter langen, eigenartig gebauten Bambus-Bogen fertigzuwerden, ist eines der wichtigsten Dinge, die der Zen-Schüler zu erlernen hat, die richtige, systematische Atmung, die dann später in einen einheitlichen Vorgang mit dem Eingreifen des Bogens, Auflegen des

> „Bewiesenermaßen ist es eine Übung, die mit der menschlichen Natur gar trefflich harmoniert. Sie hindert erstens Leberreißen, gibt zweitens Spannkraft den Arterien und Nerven, hilft gegen Milzbeschwerden, reinigt die Brust und schwamm'ge Lungen. Ja fürwahr, der Bogen ist erklärter Feind von Auszehrungen aller Art."
>
> *Thomas Heywood,*
> *Ritter in den Rosenkriegen*

Pfeils, Hochnehmen des Bogens, spannen und verweilen in der höchsten Spannung – und dann endliche Lösung des Schusses, gebracht wird.

Wer einmal Zeuge eines solchen Zen-Schießens war, wird verblüfft sein, mit welcher Ruhe dies stattfindet. In dunkle Kimonos gekleidet, spürbar konzentriert, kauern die Schützen auf ihren Fersen. Ihre betont langsamen Bewegungen sind allein auf den entscheidenden Augenblick des Abschusses konzentriert. Jede Bewegung, das Gehen, Niederknien, Erheben, Wenden, Verbeugen, und alle Griffe, die dem richtigen Fassen des Bogens und der Sicherung der Lage des Pfeils dienen, sind seit alters her genau vorgeschrieben und werden in einem solch zeremoniellen Tempo durchgeführt, daß sie fast schwerelos erscheinen.

Hat der Schütze dann seine endgültige Stellung erreicht, streift er den linken Arm aus seinem Kimono und stellt den Bogen vor die Mitte seines Körpers. Der Pfeil wird aufgelegt, der Bogen hochgehoben und zwischen unterem und mittlerem Drittel gehalten. Dann wird er gespannt, wobei der Schütze seinen Kopf dem Ziel zuwendet. Anders als im Umgang mit den herkömmlichen Sportbögen liegt beim japanischen Bogenschießen der Pfeil in der Höhe der Nasenwurzel und der gestreckte linke Arm etwas höher als die Waagrechte. Die Sehne hat ihren Platz in der Mitte zwischen Grund- und Endglied des Daumens der rechten Hand, die durch einen dreifingrigen Handschuh geschützt wird. Dann folgt eine zweite, endgültige Spannung des Bogens, wobei der Bogen ganz leicht und lose am Daumenballen der linken Hand liegt.

Der Abschuß, das Loslassen der Sehne ist dann die größte und letzte Meisterleistung. Der Schuß muß sich im richtigen Augenblick »von selbst lösen«. Der Schütze senkt den Kopf und schaut erst nach einiger Zeit zur Scheibe. Nichts in seinem Gesicht, weder Neugierde, Freude oder Enttäuschung darf auf das Ergebnis schließen lassen. Das Ergebnis muß für den Zen-Schützen unbedeutend sein.

Man sagt, daß derjenige, der die vom Zen angestrebte innere Erleuchtung und Erfüllung erreichte, indem er sein Bewußtsein geleert hat, keine Angst mehr haben wird. Keine Zweifel, keine besonderen Gefühlsausbrüche und kein unnötiges Verlangen werden ihn plagen. Er wird weder egoistisch noch engstirnig sein, dagegen wird er durch menschliche Bescheidenheit eine gute und freundliche Rolle in dieser Welt spielen. Und er selbst wird dieses Leben in einer paradiesischen Ruhe genießen.

Bei all dem ist es kein Wunder, daß viele Japaner noch heute darum kämpfen, diesen Zustand der Erleuchtung zu erlangen. Denn wer die Einheit von Geist, Körper und Bogen erreicht, der hat auch bei der höchsten Spannung Entspannung. ∎

Turnierschießen gestern und heute

Dem berühmtesten Helden in der griechischen Sage, dem Sohn des Zeus und der Alkmene, jenem für seine unglaublichen Kräfte berüchtigten Herakles, wird nachgesagt, im Jahre 776 vor Christus die bedeutendsten Festspiele des Altertums, die Olympiade, ins Leben gerufen zu haben. Herkules, wie er im Lateinischen genannt wird, war auch Bogenschütze. Deshalb wundert es, daß diese Disziplin in den alten Spielen nicht ausgetragen wurde.

Doch durch Schriften aus der Zeit von Plato und Aristoteles ist bekannt, daß das Bogenschießen bei zwei anderen Spielen des Altertums Wettkampfstil war: Die Isthmischen Spiele, die beim Heiligtum des Poseidon gefeiert wurden, und die alle zwei Jahre stattfindenden Nemeischen Spiele waren zwar nicht so berühmt, doch in ihrem Ablauf den olympischen Spielen sehr ähnlich.

Dann im Jahre 394 nach Christus wurde die letzte Olympiade ausgetragen und für die Neuzeit erst wieder durch den französischen Baron, Pädagogen, Historiker und Sportsmann Pierre de Coubertin entdeckt. Durch zahlreiche Englandaufenthalte war Coubertin von der erzieherischen Kraft des Sports überzeugt und bemühte sich jahrelang um die Wiedererweckung der olympischen Idee. Ein internationaler Kongreß für Leibeserziehung gab dann 1893 die Zustimmung und 1896 eröffnete König Georg von Griechenland in Athen die ersten olympischen Spiele der Neuzeit. Mit den heutigen Sport-Spektakeln waren diese Spiele überhaupt nicht zu vergleichen. Es waren nicht nur die finanziellen und organisatorischen Probleme, die gelöst werden mußten, es fehlte auch an internationalen Regelvereinbarungen, Frauen waren nicht zugelassen, ungewöhnliche Wettbewerbe wurden ausgetragen und – die Disziplin Bogenschießen stand nicht auf dem Programm. Immerhin wurden in Athen in neun Sportarten 43 Wettbewerbe ausgetragen.

Vier Jahre später, anno 1900 in Paris flogen dann die ersten olympischen Pfeile. Diese Spiele galten als schmückendes Beiwerk zur Pariser Weltausstellung und wurden über den gesamten Zeitraum dieser Show, nämlich von Mai bis Oktober verteilt. Da die französischen Gastgeber für die Wettbewerbe im Bogenschießen noch keine festen Regeln hatten, versuchten sie sich und den mitkämpfenden Ländern in Regeln und Schießarten entgegenzukommen, wobei die Franzosen, die auch den größten Teil der Bewerber stellten, die Wettbewerbe als die absoluten Gewinner beendeten. Bei den nächsten Spielen in St. Louis, die wieder als Rahmenprogramm zur dortigen Weltausstellung abliefen, schossen nur die Amerikaner um das Gold in den Bogenschießwettbewerben. Aus politischen Gründen waren die Engländer und die Franzosen zu diesen Olympischen Spielen erst gar nicht

Bogensport früher und heute:
Die Bogen haben sich geändert – die Konzentration
beim Zielen blieb.

angetreten. Alle Medaillen gingen so an die amerikanischen Schützen und Schützinnen – die natürlich nach amerikanischen Regeln geschossen hatten. Inzwischen hatte es sich bei den Wettbewerben im Bogenschießen eingebürgert, daß alle oder fast alle Medaillen an das austragende Land gingen. So war es denn auch 1908 in London, wo das Aufgebot an Sportlern schon gigantisch war: 22 Nationen schickten 2059 Aktive, darunter 39 Frauen. Bei den Wettbewerben im Bogenschießen kämpften für England 25 Damen und nur 15 Männer; aus Frankreich kamen 11 Herren und nur einer, der amerikanische Meister H. G. Richardson versuchte sein Glück für die USA.

Mit der typischen britischen Gründlichkeit hatten die Engländer nicht nur Regeln fürs Schießen aufgestellt, sondern auch eine Anzahl von Benimmregeln ausgegeben: Sie hieß es bei Paragraph 8: Den Herren ist nicht erlaubt bei den Zielscheiben der Damen zu rauchen.

Die nächste und gleichzeitig für über ein halbes Jahrhundert die letzte Olympiade, bei der Bogenschützen teilnehmen durften, war 1920 im belgischen Antwerpen. Und auch hier verlief die Medaillenverteilung, wie gehabt: Belgien gewann sechs, Holland, Frankreich und England je eine.

Mit diesen Spielen endete das olympische Bogenschießen. Die Gründe dafür kann man nur vermuten: Einerseits lag es bestimmt am Material, das der Beanspruchung nicht gewachsen war, an fehlenden einheitlichen Regeln, die für ein internationales Turnier wichtig sind und andererseits war der Bogen für viele immer noch ein mehr geschichtliches Instrument als ein modernes Sportgerät.

Erst die Gründung der »Fédération Internationale de Tir à l'Arc« (FITA), einem Dachverband der Bogenschützen, im Jahre 1931, gab dem organi-

Mario Codispoti,
Trainer der französischen
Nationalmannschaft

„Das Bogenschießen ist kein Kraftsport, vielmehr erfordert es Koordination der Muskeln und sehr viel mentales Training. Turnierschützen müssen an ihre Fähigkeiten glauben und müssen die Probleme, die beim Schießen auftauchen, bewältigen können. Sie müssen sehr viel trainieren. Dabei sollten sie nicht einfach losschießen, sondern sich auf jeden einzelnen Schuß völlig konzentrieren"

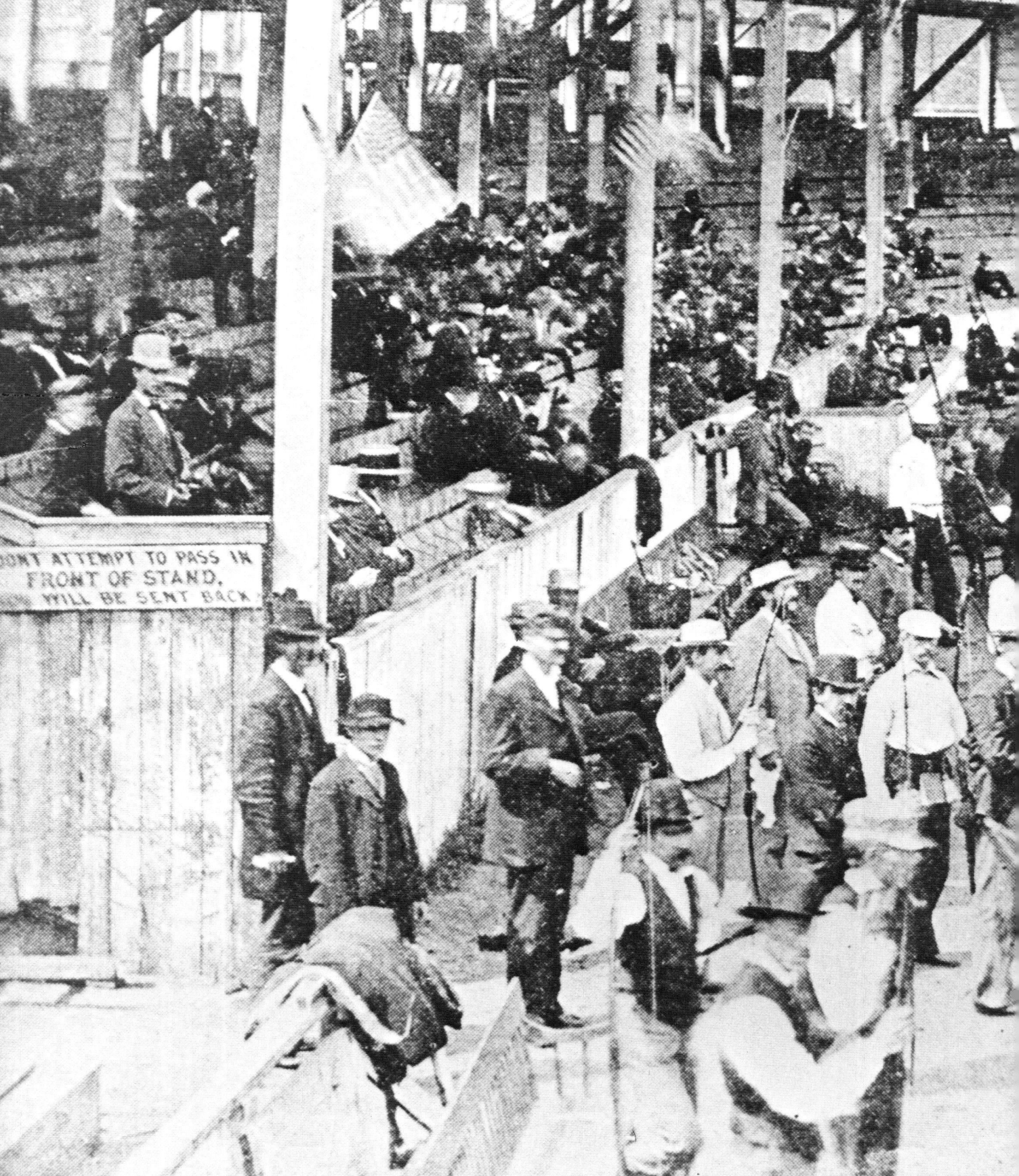

Im White Stocking Park von Chikago
wurde im August 1879 die erste
amerikanische Meisterschaft ausgetragen. Unter den Schützen waren auch
die Brüder Maurice und Will Thompson,
die das Bogenschießen in Amerika wieder
populär gemacht haben. Nach diesem
Treffen war Will Thompson der erste
amerikanische Meister im Bogenschießen.

sierten Scheibenschießen den richtigen Rückhalt.

Doch trotzdem wurden die Anfragen nach Anerkennung durch das olympische Komittee weiterhin jahrelang mit derselben Antwort abgelehnt: In das offizielle Programm der Olympischen Spiele passen nur allgemeinbekannte Sportarten. Dann nach jahrelangen Bemühungen der FITA war es 1972 bei den Olympischen Spielen in München soweit: 59 Bogenschützen aus 27 Ländern trafen sich hier, um gegeneinander anzutreten.

Verständlich, daß anfangs den Bogenschützen nicht viel Aufmerksamkeit zuteil wurde. Aber dann kamen immer mehr Zuschauer zum Training im Englischen Garten und nach den ersten Tagen richtigen Wettbewerbs war es unmöglich, noch ein Ticket zu bekommen. Jeder war fasziniert von der farbigen Veranstaltung, die durchgehend unter sonnigem Himmel stattfand und bei der zwei Weltrekorde gebrochen wurden. Der große Star der Veranstaltung hieß John Williams, war 18 Jahre alt und kam aus den USA. Er erschoß sich in der olympischen doppelten FITA-Runde mit 2.528 von 2.880 Punkten die Goldmedaille. Gleichzeitig brach er in der FITA-Runde den bestehenden Weltrekord mit 1268 Punkten von 1440 möglichen.

Bei diesen olympischen Spielen wurden die von der FITA aufgestellten Regeln anerkannt und die sogenannte FITA-Runde international bekannt

Franz Baum,
Trainer der deutschen Nationalmannschaft

„Das Bogenschießen ist ein schöner Sport. Man ist an der frischen Luft, in der Natur. Es hilft der Disziplinierung von Kopf und Muskeln und ist zudem ein Sport, für den man vor allem auch Frauen begeistern kann, weil Muskelgefühl wichtiger ist als Kraft. Durch die Ausbildung von Trainern und Übungsleitern können wir immer mehr Leute zum Turnierschießen gewinnen. Dabei darf man nicht vergessen, daß die Olympia-Sieger von 1992, jetzt, sieben Jahre zuvor, geschult werden müssen"

gemacht. Die olympische FITA-Runde sind zwei Durchgänge der großen FITA-Runde, bei der jeweils 36 Pfeile auf die Entfernungen von 90, 70, 50 und 30 Metern bei den Herren und 70, 60, 50 und 30 Metern bei den Damen geschossen werden.

Diese Olympiade 1972 gab dem Bogensport neue Impulse. Fast überall auf der Welt stiegen seitdem die Zahlen der Turnierschützen an, die Vereine begannen mit systematischer Auf-

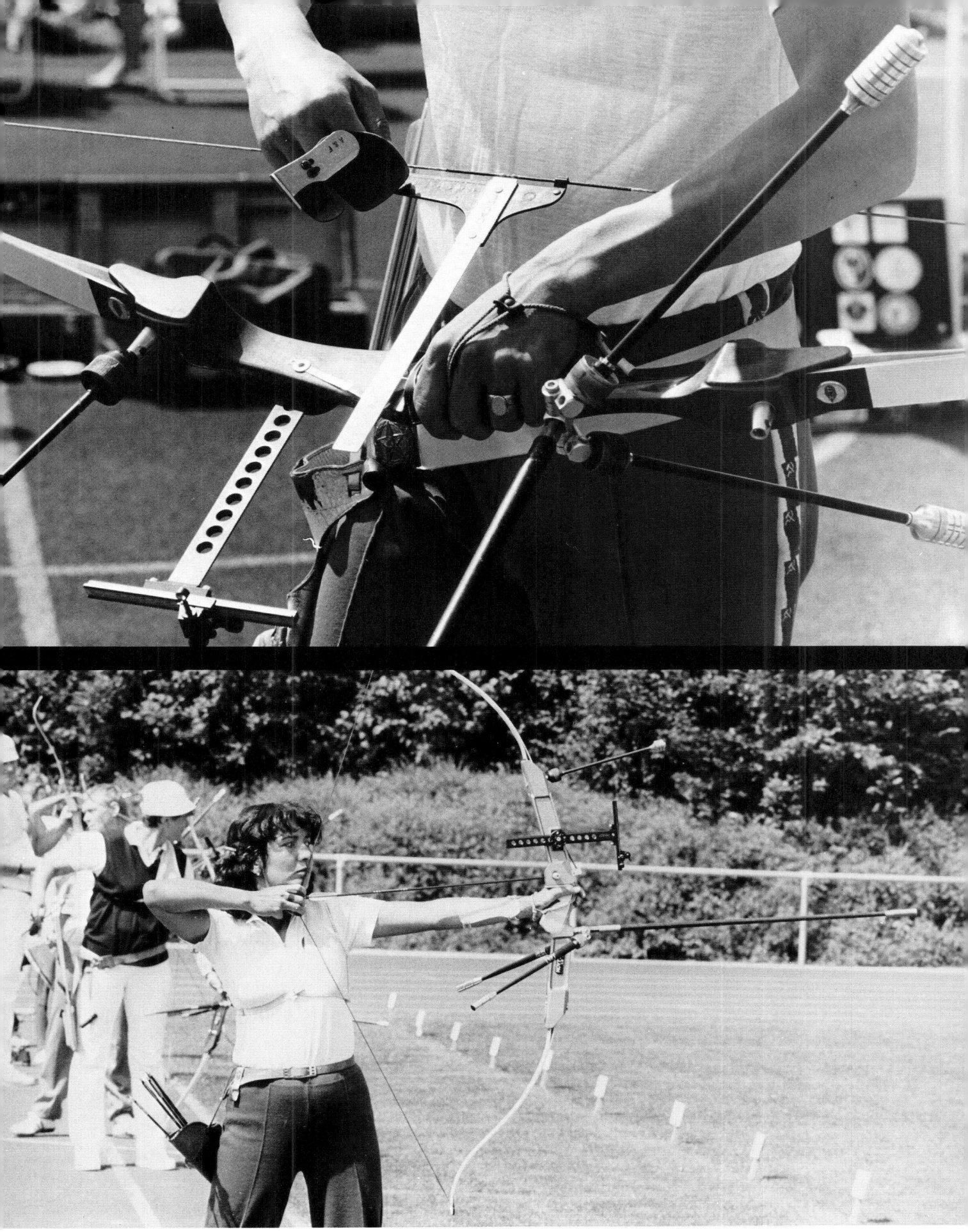

Messen des Sehnenabstands. (Oben)
Sebinisso Rustamova, die erste Frau,
die 1300 Punkte erschoß.

bauarbeit bei der Jugend. Und in den folgenden Olympiaden behauptete der Bogensport seinen festen Platz unter den Wettkampfarten.

Die FITA-Regeln für die Olympischen Wettbewerbe erlauben alle Arten von Bögen, ausgenommen Compound-Bögen und Armbrüste, doch meistens ist es der Recurvebogen, der hier wie fast bei allen Turnieren benützt wird.

Fédération Internationale de Tir à l'Arc (FITA)

Die Anhänger von Pfeil und Bogen in Europa und Amerika haben lange Zeit davon geträumt – von einer internationalen Vereinigung der Schützen. Dann endlich, 1931 in Lwówek, Polen, wurde das erste internationale Turnierschießen abgehalten. Dabei kämpften 21 Bogenschützen aus vier Ländern um den Sieg und Polen gewann vier von den ersten acht Plätzen.

Während dieser Veranstaltung wurde die »FITA« gegründet. Polen, Schweden, Frankreich und die Tschechoslowakei, die bei diesen Meisterschaften teilgenommen hatten, wurden Mitglieder genauso wie Italien, Ungarn und die Vereinigten Staaten von Amerika, die Abgesandte nach Polen geschickt

Wind und Regen gab es bei den 4. Olympischen Spielen in London, wo im Sheperds Bush Stadion die verschiedenen Wettbewerbsarten im Bogenschießen ausgetragen wurden.

den Jahren 1934 und 1956 siebenmal geändert.

Die Feld- und Jagdrunde

Mit zu den Wettbewerben der FITA gehört auch eine ganz besondere Variante des Bogenschießens, nämlich die Feld- und Jagdrunde. Als olympische Disziplin gibt es diese Art des Bogenschießens nicht, jedoch können sich die Schützen hierbei bis zum Weltmeistertitel hochkämpfen.

Die Feld- und Jagdrunde besteht aus der 1. Feldrunde, bei der 56 Pfeile auf bekannte Entfernungen geschossen werden. Im Gegensatz dazu sind

hatten, um dem Verband beizutreten. Ein Jahr später, bei den zweiten Weltmeisterschaften im polnischen Warschau, schossen zum letzten Mal Männer und Frauen in einer Gruppe zusammen. Aber allein mit der Festlegung von verschiedenen Wettkampfbedingungen bei Herren und Damen war es noch nicht getan: Insgesamt wurden die Regeln der FITA zwischen

In einer besonderen Kategorie
des Bogenschießens,
nämlich beim Feldbogenschießen
mit Visier, ist die Deutsche
Susi Lehmann zweifacher Weltmeister

bei der 2. Jagdrunde die Entfernungen für die wiederum 56 Pfeile nicht bekannt. Geschossen wird bei der Feld- und Jagdrunde in zwei verschiedenen Bogenklassen: Einmal gibt es die Blankbogenklasse und das Wort sagt schon aus, um was es hier geht: Der Bogen muß blank sein. Er darf keine Visiereinrichtung und keine sonstigen Visiermarkierungen aufweisen, keine verstellbaren Pfeilauf- und -anlage, keine Stabilisatoren und an der Sehne weder Mund- noch Nasenmarke haben.

Auf der anderen Seite steht die Visierbogenklasse: Hierbei sind auch die Turnierbogen der Scheibenschützen mit allen dort erlaubten Hilfen zugelassen.

Das wohl faszinierenste an dieser Art des Schießens ist die Abwechslung. Ähnlich wie bei einem Golfkurs sind die Scheiben an verschiedenen Stellen wie zum Beispiel auf einer Betoninsel in einem Teich, auf Erdwällen oder in

Arsent Balov,
seit 18 Jahren Trainer
der russischen
Nationalmannschaft

*„Ein guter Schütze muß ein gutes
Muskelgedächtnis haben. Das bedeutet,
gleichmäßig schießen. Die Muskeln
müssen lernen, immer dasselbe zu tun.
Dieses Muskelgedächtnis kann man nur
nicht lernen – im Gegensatz zur
Beherrschung des Bogens. Nach
spätestens fünf Jahren aber weiß man
genau, ob ein Schütze beides so
beherrscht, daß er für internationale
Wettkämpfe gut ist"*

Bodennähe an einem Baum befestigt. Die Positionen, von denen man aus schießt sind genauso unterschiedlich. Mal schießt man von einem Hochsitz aus nach unten, mal einen kleinen Berg hinauf.

Selbst in der Halle wird inzwischen um Meisterschaften gekämpft. Hauptsächlich im Winter wird hier bei der kleinen FITA-Runde das Können bewiesen. Hierbei wird mit je 30 Pfeilen auf eine Entfernung von 18 und 25 Metern geschossen. Bei Landes- und Deutschen Meisterschaften sind 60 Pfeile auf jede Entfernung vorgeschrieben. Auch die kleine und große FITA-Runde kann heute schon in der Halle geschossen werden. Mit einem Unterschied nur: ein neuer Rekord, der in der Halle geschossen wird, bleibt, im Gegensatz zur kleinen, der großen FITA-Runde versagt.

Heute gibt es kaum mehr ein Land, das sich nicht dem internationalen Dachverband der Bogenschützen angeschlossen hat. Und die Fédération Internationale de Tir à l'Arc ist bestrebt, immer mehr Anhänger für den Bogensport zu gewinnen.

Die Entwicklung von Pfeil und Bogen als Sportwaffe

In vielen Ländern sind Pfeil und Bogen nach der Erfindung des Schwarzpulvers in Vergessenheit geraten. Häufig jedoch gab es Leute, die sich dafür eingesetzt haben, daß er in anderer Form, nämlich als eine Waffe für Freizeit und Sport nicht gänzlich untergeht.

Großbritannien gehört zu den Trendsettern für die Wiederkehr von Pfeil und Bogen. Vor über 300 Jahren beispielsweise wurde die schottische Gesellschaft »Royal Company of Archers« ins Leben gerufen. Die Royal Company war ein sehr vornehmer Club und eines ihrer Mitglieder war Sir Walter Scott, der 1821, ein Jahr, nachdem er sein berühmtes Buch

»Ivanhoe« geschrieben hatte, in dem Club Aufnahme fand. Obwohl die Mitglieder des Clubs schon mindestens seit 1603 um ihre antike Trophäe, den Musselburgh-Pfeil, geschossen haben, wurde die Satzung zum erstenmal 1676 niedergeschrieben.

Aus königlicher Hand, nämlich von Queen Anne, empfing die Royal Company dann im Jahre 1704 ihre Gründungsurkunde, und auch König Georg IV zeigte an dieser Gesellschaft großes Interesse, was den Status und das Prestige der Mitglieder ungemein aufwertete.

König Georg war es auch, der die Bogenschützen der Royal Company zur offiziellen etablierten Leibwache des Königs von Schottland einsetzte. Mit grüner Felduniform und Adlerfeder an der Mütze stellen sie noch heute bei den königlichen Besuchen in Schottland die Bodyguard dar.

Ein anderer Club mit langer Vergangenheit ist die »Toxophilite Society«, die im Jahre 1781 in London gegründet wurde und die für die Wiederkehr des Bogenschießens in England am Ende des 18. Jh. Pate stand. 1787 wurden in einem anderen Club, der »Society of Royal British Bowmen«, zum erstenmal weibliche Schützen aufgenommen. Mit dem Vorbild der Göttin Diana, der höchsten Bogenschützin, stürzten sich nun die feinen Damen der englischen Gesellschaft auf die Schießplätze und machten die bis dahin glanzvollen Ereignisse noch schillernder.

Im 19. Jahrhundert gab es dann keine Zeitschrift und keine Zeitung mehr, die nicht über das Bogenschießen berichteten. Selbst die vornehme Times ließ es sich nicht nehmen, einen längeren Artikel darüber zu veröffentlichen. Inzwischen auch für die breitere Masse, zählte das Schießen mit Pfeil und Bogen neben Kricket und Tennis zu den wichtigsten sportlichen Freizeitbeschäftigungen.

Selbst der heute amtierenden Königin Elisabeth ist das Bogenschießen nicht fremd. 1946 auf Balmoral schoß die damalige Prinzessin mit ihrem allerersten Pfeil ein Gold aus einer Entfernung von 33 Yards.

Manuela Dachner, Mitglied der deutschen Nationalmannschaft

„Das Bogenschießen hat mir im Leben eine ganze Menge gebracht. Früher war ich introvertiert und schüchtern. Durch die vielen Jugendlichen, die ich durch mein Hobby getroffen habe, und später durch den Erfolg, bin ich selbstbewußter geworden. Es tut mir nur leid, daß so viele Leute ein falsches Bild vom Bogenschießen haben. Wenn man es selbst macht, ist es weder langweilig noch gefährlich"

The Chicago Archery Association

Mit der einfachen Erklärung, ›sie seien müde, immer nur Billard zu spielen‹ gründeten vier Herren aus Philadelphia 1828 einen Bogenschieß-Club »The United Bowmen of Philadelphia«. Die Ausrüstung der Clubmitglieder wurde aus England geschickt, was zwar sehr teuer war, aber viele andere, gut situierte Philadelphier nicht davon abhielt, ebenfalls in diesen Club einzutreten. Rund dreißig Jahre waren »the United Bowmen« aktiv, dann verschwand das Interesse an diesem Sport und kam erst nach dem Bürgerkrieg wieder auf.

Dieses Mal waren es die Gebrüder Thompson, die mit Hilfe von selbstgebauten Bogen, selbstgeschnitzten Pfeilen in den Wäldern Floridas ihre Nahrung erschossen. Maurice Thompson schrieb ein Buch über ihre Erlebnisse und machte dadurch das Bogenschießen in Amerika sehr schnell bekannt. In kürzester Zeit wurden überall im Land neue Clubs gegründet.

Einer von ihnen, »The Chicago Archery Association« machte sich 1879 daran, verschiedene Clubs zusammenzuschließen, um Meisterschaften austragen zu können. Vereine von acht Staaten schlossen sich zur »National Archery Association« zusammen und wählten Maurice Thompson zum Präsidenten.

Im White Stocking Park, einem Baseball-Feld der Chicago White Sox wurde dann im August desselben Jahres die erste große Nationale Meisterschaft ausgetragen. 89 Schützen, unter ihnen zwanzig Frauen, kämpften um die Preise, währenddessen spielte Musik und Helfer sammelten die Pfeile auf. Der Sieger des 1. Grand National Tournament war Will Thompson.

Doch vier Jahre später nahm das Interesse am Bogensport in Amerika wieder ab und blühte erst 1903 wieder auf, ein Jahr vor den Olympischen Spielen in St. Louis.

Dann, im Jahre 1920, wurde das Scheibenschießen in Amerika populär. Wie in den Jahren vorher kam auch diesmal wieder die gesamte Ausrüstung aus England. Aber diesmal dauerte es nicht lange, bis ein findiger Hersteller aus New York die Marktlücke erkannte und ausnützte. Von diesem Tag an war der Bogensport aus dem Leben der Amerikaner nicht mehr wegzudenken. Sie benützten den Bogen zum Turnierschießen oder, was in Deutschland verboten ist, zur Jagd, was aber andererseits den ungeheuerlichen Boom des Compound-Bogens in Amerika erklären hilft.

Wie damals, als mehr oder weniger die ganze Welt Pfeil und Bogen als Kriegs- oder Jagdwaffe einsetzte, fand er als Sportgerät immer mehr Anhänger. In Frankreich zum Beispiel, wo während der Französischen Revolution alle Vereine aufgelöst worden waren, wurde im Jahre 1900 die Fédération des Compagnies d'Arc de l'Ile de France gegründet. Diese Organisation entwik-

*Auf verschiedene Arten
versuchen die Schützen vor dem Turnier
völlige Konzentration zu bekommen.*

kelte sich dann einerseits zur FITA, des Weltverbands der Bogenschützen und andererseits, als französisch nationaler Zweig, zur Fédération Francaise de Tir à l'Arc. Heute schießen die französischen Schützen Turnier, Hallen-, und Feld- und Jagdschießen. Doch in vielen Clubs wird auch heute noch das »Beursault«-Schießen durchgeführt, eine traditionsreiche Variante, die ins Mittelalter zurückgeht. Beim »Beursault« stehen sich zwei Zielscheiben in einem Abstand von fünfzig Metern gegenüber. Der Schütze feuert einen Pfeil ab, geht zur Scheibe, zieht den Pfeil heraus und schießt ihn wieder in anderer Richtung. Eine Rund geht hierbei über 40 Schüsse.

Bogensport in Deuschland

In vielen anderen Ländern wie beispielsweise Jugoslawien, Marokko, Japan, Australien, Finnland, Italien und sogar in dem kleinen Land Bhutan am Fuße des Himalayas wird schon sehr lange in der Freizeit mit Pfeil und Bogen geschossen. Nur in Deutschland lag es damit lange Zeit im argen. Hier waren es nur einige wenige Individualisten, die diesen Sport betrieben. Natürlich gab es um die Jahrhundertwende auch hier Damen, die in Reifröcken auf die Ziele schossen. Nur die Zahl der Enthusiasten war so verschwindend gering, daß in Deutschland bis zum Jahre 1930 kein Bogensport-Club existierte. Der älteste deut-

**Niemals sollt man Schießzeug geben,
Heißt es, einem kleinen Kind:
Schießt doch Amor meist daneben –
da er obendrein noch blind.**

**Amor macht, der Bub, der lose,
Aus dem Schießsport sich nur Scherz:
Trifft den einen in die Hose
Und den andern in das Herz.**

**Freilich kann es einen grämen,
Traf er richtig nicht ins Ziel –
Allzuernst soll's keiner nehmen:
Schießen bleibe Sport und Spiel!**

**Dieser meint, es hätt geschnackelt –
Und dann fiel er weit zurück!
Jener bangt, er hätt gewackelt –
Und dann war's ein Meisterstück!**

(Eugen Roth)

sche Verein, die »Hamburger Bogen-schützengilde« wurde dann 1930 von einigen Herren Hamburgs gegründet, die ihrer Freizeitbeschäftigung anfangs zum Teil in Kiesgruben nachgingen, wo sie auf Ballen geschossen haben. Erst durch den schwedischen Generalsekretär der FITA, Lars Eckegaard aus Stockholm, kam 1953 Bewegung in diese Art von Sport. Der FITA-Mann war nach Deutschland gekommen, um jemanden zu finden, der sich des Sports hier annehmen könnte. Der deutsche Leichtathletikverband schickte ihn weiter zum Deutschen Schützenbund und die sandten zwei Herren mit nach Schweden, die sich bei den schwedischen Meisterschaften die Sache mal näher betrachten wollten. Das Ergebnis verlief, wie man weiß, zufriedenstellend: Bei einer Versammlung 1954 wurden die zukünftigen Bogenschützen den Schützen einverleibt.

Nun erfolgten Aufrufe zu den ersten ausgeschriebenen deutschen Fernwettkämpfen und drei Clubs, die teilweise selbst erst Schützen suchen mußten, haben sich gemeldet: Es war dies die Schützengilde aus Hamburg, aus Wiesbaden-Biebrich und die Privilegierte Hauptschützengesellschaft Nürnberg.

Mit mehr oder eher weniger Erfolg versuchten die Deutschen nun auch bei internationalen Wettbewerben konkurrenzfähig zu sein. Doch die Vereine hatten doppelte Schwierigkeiten. Bei den Jugendlichen konnten sie nur schlechte Aufbauarbeit leisten, da sie erst einmal die Erwachsenen zu der neuen Sportart hinführen mußten. Stärker als in vielen anderen Ländern lösten die Olympischen Spiele von 1972 in Deutschland einen ganz besonderen Rutsch hin zum Bogensport aus. Nach diesen Spielen wurde konsequent damit begonnen, die richtige Aufbau- und Betreuungsarbeit zu leisten und schon 1974 wurden die Deutschen dann durch Rudi Schiffel Europa-Meister bei den Herren und in der Mannschaft.

Nun ging es stetig aufwärts mit den deutschen Schützen und Ende Juli 1985 beim »Turnier der Nationen« im bayrischen Eggenfelden schoß erstmals als bundesdeutscher Athlet, der 18jährige Schüler Andreas Lippoldt, die bei den Bogenschützen als magische Zahl angesehenen 1300 Punkte in der großen FITA-Runde. Bei den Weltmeisterschaften 1985 in Seoul plazierten sich dann die deutschen Damen an dritter Stelle hinter den Sowjets und Korea.

Inzwischen gibt es in Deutschland rund 30 000 Profi- und unzählige Hobbyschützen. Die Vereine melden freudig, daß sich immer mehr junge Leute bei ihnen melden und hoffen, daß vielleicht einer von dem jetzt so stark geförderten Nachwuchs den Sprung vom Verein über den Kreis, über den Landesverbands-, über den National-, zum Weltmeister, vielleicht sogar Goldmedaillengewinner schafft.

Das Turnierschießen

In einer Serie, auch Passe genannt, werden beim Turnierschießen grundsätzlich 3 Pfeile hintereinander geschossen. Das Zeitlimit hierfür beträgt 2½ Minuten.

Mittels Farbtafeln, Lichtsignalen oder farbigen Fahnen werden die Turniere geleitet. Alle Farben, also rot, gelb und grün müssen für die Schützen von der Schußlinie aus gut zu sehen sein. Darum sind auf beiden Seiten des Tur-nierfeldes in Schußrichtung Signalanlagen aufgestellt.

Der Scheibenschütze muß beim Turnier mit der Körpermitte über der Schießlinie stehen, so daß sich ein Fuß vor und einer hinter der Linie befindet. Der Jagd- und Feldschütze steht beim Turnier hinter der Abschußmarkierung. Kein Fuß darf sich in Scheibenrichtung vor der Markierung befinden. Bei einem Turnier der Jagd- und Feldschützen wird keine Signalanlage verwendet.

Auch akustische Signale werden für die Turnierleitung benutzt. So wird der Beginn durch ein Hup- oder Pfeifsignal angekündigt.

Zweimaliges Hupen oder Pfeifen bedeutet: die Schützen müssen die Schießlinie betreten. Der nächste Ton, der zwanzig Sekunden später erfolgt, eröffnet das Schießen. Zur gleichen Zeit erscheint für zwei Minuten das optische Signal grün, danach in gelb und ohne Ton, um 30 Sekunden später in rot umzuwechseln, begleitet von einem zweifachen akustischen Signal, wenn es sich um Schützenwechsel handelt. Dieses Signal bedeutet gleichzeitig für die nächste Gruppe, sich zur Schießlinie zu begeben.

Wiederum 20 Sekunden später ertönt das akustische einmalige Signal und die Farbe grün leuchtet auf. Wieder dauert diese Phase 2 Minuten bis zum Gelb, danach erscheint das Rot, und das zweimalige akustische Signal fordert die Schützen auf, den Wechsel

*Gerade 15 Jahre alt war John Williams,
als er 1969 bei den Weltmeisterschaften im Bogenschießen
Zweiter wurde. Nur drei Jahre später, mit 18,
gewann er bei den Olympischen Spielen
in München die Goldmedaille*

vorzunehmen.

Auch für die Treffer werden bei einem Turnier akustische Signale verwandt. Ein dreifacher Ton bedeutet Trefferaufnahme. Die Schützen begeben sich zu den Scheiben. Dort werden die Treffer ausgewertet und die Pfeile aus der Scheibe gezogen, wobei darauf zu achten ist, daß vor der Auswertung niemand die Pfeile oder die Scheibe berührt.

Nach der Rückkehr der Schützen zur Schießlinie wiederholt sich der Ablauf wie beschrieben in wechselnder Reihenfolge der einzelnen Gruppen.

Pro Scheibe werden in der Regel 4 Schützen eingeteilt, wobei die ersten beiden die Buchstaben „A" und „B", die beiden nächsten die Buchstaben „C" und „D" tragen. Die jeweilige Gruppe wird durch die Anzeige „AB" oder „CD" zur Schießlinie gerufen.

Bei einem Turnier darf der Bogen, egal ob mit oder ohne Pfeil, nur auf der Schießlinie in Richtung Scheibe ausgezogen werden. Verliert ein Schütze hierbei seinen Pfeil, so daß er ihn auf der Schießlinie stehend mit seinem Bogen am ausgestreckten Arm nicht mehr erreichen kann, gilt dieser Pfeil als geschossen und fehlt in der Wertung der nächsten Serie. Wird er trotzdem abgeschossen, so wird dem Schützen der beste Pfeil der nächsten Serie aus der Wertung genommen.

Das gleiche gilt für einen Pfeil, der in

der Rotphase geschossen wird. Ganz egal, ob dieser oder ein anderer Pfeil die höchste Wertung erzielt hat, immer wird der beste Pfeil nicht gewertet.

Schäden am Bogen oder an der Sehne müssen vom Schützen durch Handzeichen oder Flaggensignal dem Schiedsrichter gemeldet werden. Pfeile, die fehlen, können nachgeschossen werden, dabei hat der Schütze für jeden Pfeil nocheinmal 50 Sekunden Zeit zur Verfügung.

Der Turnier-Schießordnung unterliegen aber nicht nur die Pfeile, die gewertet werden: Wird beispielsweise ein Probepfeil bei „rot" geschossen, fällt der beste Pfeil der ersten Wertungsserie aus der Wertung.

Durch Bogenheben muß der Schütze dem Kampfrichter melden, wenn ein Pfeil von der Scheibe abgeprallt ist. Ist der Pfeil ein Treffer, so muß der Kampfrichter feststellen, ob in der Scheibe der Aufschlag des Pfeiles erkenntlich ist. Dies ist aber nur dann möglich, wenn alle bisher geschossenen Pfeile auf der Scheibe markiert wurden. Ist auf der Scheibe kein Aufschlag des Pfeiles zu erkennen, so entfällt dessen Wertung.

Wie bei fast allen anderen Sportarten, wird auch vor einem Bogenschieß-Turnier das vorgesehene Gerät durch die Schießleitung kontrolliert. Geht während eines Turniers ein Bogen kaputt, darf der Schütze das Turnier mit einem anderen Bogen fortsetzen, der ebenfalls vorher geprüft wird.

Auf der Schießlinie dürfen sich nur Schützen aufhalten, die zum Schießen aufgerufen sind. Alle übrigen befinden sich hinter der Wartelinie. Das zum Schießen vorgesehene Gerät nimmt der Schütze mit zur Schießlinie und nach dem Schießen wieder zurück hinter die Wartelinie.

Von der Schießlinie aus darf der Bogenschütze seine Trefferlage mit einem Fernglas beobachten. Dies gilt aber nicht für den letzten in einer Serie geschossenen Pfeil. Diesen muß der Schütze von einem Platz hinter der Wartelinie ausmachen.

Jeder Schütze muß sich so verhalten, daß ein anderer nicht gestört oder anderweitig beeinträchtigt wird.

(Weitere Einzelheiten für das Turnierschießen werden durch die Sportordnung des DSB oder das FITA-Reglement geregelt).

Scheibenauflagen

Es gibt drei verschiedenen offizielle Scheibenauflagen der FITA in unterschiedlichen Größen:

1. FITA-Auflage für die FITA-Runde

Zehnerringscheibe: Vom Zentrum aus werden jeweils 2 Ringe zu einem Farbfeld zusammengefaßt, und zwar:

Ring 10 + 9 = gold
Ring 8 + 7 = rot
Ring 6 + 5 = blau
Ring 4 + 3 = schwarz
Ring 2 + 1 = weiß

Die Auflage mit einem Durchmesser

von 122 cm wird für eine Entfernung von 90, 70, 60 Meter
die Auflage mit einem Durchmesser von 80 cm wird für eine Entfernung von 50, 30 Meter
die Auflage mit einem Durchmesser von 60 cm wird für eine Entfernung von 25 Meter (Halle)
die Auflage mit einem Durchmesser von 40 cm wird für eine Entfernung von 18 Metern (Halle) benützt.

2. FITA-Feldauflage für die FITA Jagd- und Feldrunde:

Dreierringscheibe:

Zentrum = 5 Ringe
weißer Ring = 4 Ringe
schwarzer Ring = 3 Ringe

Diese Auflage gibt es in folgenden Größen:

60 cm Durchmesser für Entfernungen von 45, 50, 55, 60 Meter
45 cm Durchmesser für Entfernungen von 30, 35, 40, 45 Meter
30 cm Durchmesser für Entfernungen von 15, 20, 30, 35 Meter
15 cm Durchmesser für Entfernungen von 6, 8, 10, 12 Meter

3. FITA-Jägerauflage für die FITA-Jagd- und Feldrunde:

Dreierringscheibe

Zentrum = 5 Ringe
innerer Ring = 4 Ringe
äußerer Ring = 3 Ringe

Diese Auflagen gibt es in folgenden Größen:

60 cm Durchmesser für Entfernungen von 30 bis 50 Meter
45 cm Durchmesser für Entfernungen von 20 bis 40 Meter
30 cm Durchmesser für Entfernungen von 10 bis 30 Meter
15 cm Durchmesser für Entfernungen von 5 bis 15 Meter

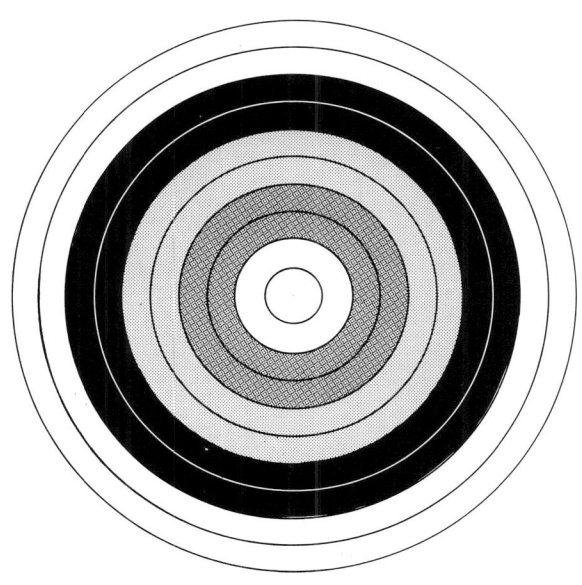

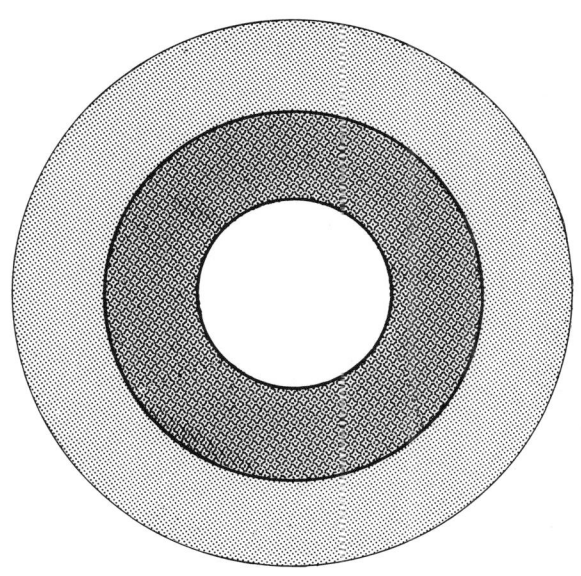

Die Scheibenauflagen werden auf einem Scheibenkörper so befestigt, daß sich der Mittelpunkt 1,30 Meter über dem Boden befindet und die Scheibe einen Neigungswinkel von 15° aufweist.

Die Turnierprogramme
1. FITA-Runde

Sie wird bei allen nationalen, Europa-, Weltmeisterschaften und Olympiaden geschossen und ist die Krönung für alle Scheibenschützen.

Von jedem Teilnehmer sind insgesamt 150 Pfeile (davon 6 Probepfeile) zu schießen.

Schützenklasse, Altersklasse und Junioren schießen auf die Entfernungen 90, 70, 50 und 30 Meter je 36 Pfeile. Damenklasse und Jugend schießen auf Entfernungen von 70, 60, 50 und 30 Meter mit ebenfalls je 36 Pfeilen. Die Schülerklasse schießt auf 50, 40, 30 und 20 Meter.

Vor Beginn der Wertung darf der Turnierschütze 6 Probepfeile schießen. Das Turnier beginnt mit der weitesten Entfernung.

Nach Abschluß einer Entfernungsrunde werden die Scheiben auf die nächst kürzere Entfernung versetzt.

Die Summe der gewerteten 144 Pfeile ergibt das Endergebnis. Im allgemeinen werden Sieger für die einzelnen Distanzen nicht ermittelt.

Für die FTIA-Runde, die FITA-Doppelrunde und auch für einzelne Distanzen werden die Rekorde anerkannt.

Sie können aber nur bei Meisterschaften oder hierfür besonders anerkannten Turnieren geschossen werden.

Eine FITA-Runde kann auch an zwei Tagen geschossen werden. In diesem Fall stehen den Schützen weitere 6 Probepfeile für die erste Distanz, die am zweiten Tag zu schießen ist, zu.

2. Die FITA-Hallenrunde

Die Hallenmeisterschaften von den Vereins- bis zu den Europameisterschaften werden auf Entfernungen von 18 Meter und 25 Meter als Einzelrunde mit je 30 Pfeilen oder Doppelrunde mit je 60 Pfeilen geschossen.

Darüber hinaus werden auch kleine FITA-Runden (50 und 30 Meter) und große FITA-Runden (90, 70, 50 und 30 Meter) in Hallen geschossen. Doch während bei den 30- und 50 Meter-Runden die Rekorde anerkannt werden, bleibt dies den großen FITA-Runden versagt.

3. Die FITA Feld- und Jagdrunde
a) Die Feldrunde

Insgesamt werden hierbei 56 Pfeile auf dem Schützen bekannte Entfernungen geschossen.

Je 4 Pfeile auf eine 30-cm-Auflage aus 15, 20, 25 und 30 Meter

je 4 Pfeile auf eine 45-cm-Auflage aus 35, 40 und 45 Meter

je 4 Pfeile auf eine 60-cm-Auflage aus 50, 55 und 60 Meter

je 4 Pfeile auf eine 45-cm-Auflage aus 35 Meter, jeder Pfeil wird von einem

anderen Pflock oder auf eine andere Zielscheibe geschossen;
je 1 Pfeil auf eine 15-cm-Auflage aus 6, 8, 10 und 12 Meter
je 1 Pfeil auf eine 45-cm-Auflage aus 30, 35, 40 und 45 Meter
je 1 Pfeil auf 60-cm-Auflage aus 45, 50, 55 und 60 Meter Entfernung.

b) Die Jagdrunde

Es werden auch hier 56 Pfeile geschossen, aber diesmal sind die Entfernungen nicht bekannt:
2 Scheiben mit 15-cm-Auflage auf Entfernungen zwischen 5 und 15 Meter, insgesamt 8 Pfeile, Gesamtentfernung 80 Meter.
4 Scheiben mit 30-cm-Auflagen auf Entfernungen zwischen 10 und 30 Meter, insgesamt 16 Pfeile, Gesamtentfernung 320 Meter.
5 Scheiben mit 45-cm-Auflagen auf Entfernungen zwischen 20 und 40 Meter, insgesamt 20 Pfeile, Gesamtentfernung 600 Meter.
3 Scheiben mit 60-cm-Auflagen auf Entfernungen zwischen 30 und 50 Meter, insgesamt 12 Pfeile, Gesamtentfernung 480 Meter.

Vor und während eines Turniers wird die Ausrüstung der Schützen von der Kampfrichterkommission überprüft.

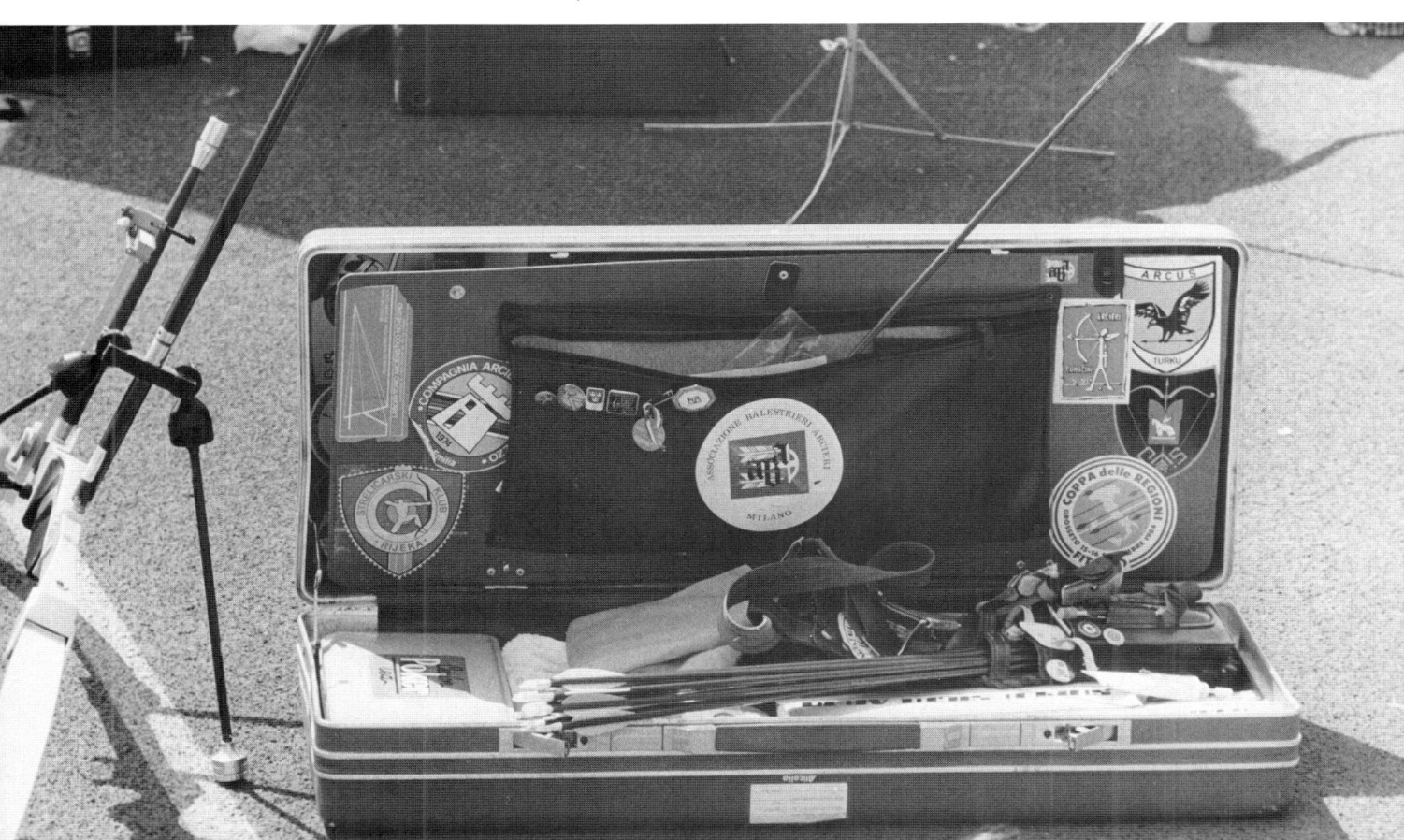

Im Jagd- und Feldschießen wird in zwei Bogenklassen geschossen:

1) Die Blankbogenklasse: Wie das Wort schon aussagt, muß der Bogen „blank" sein. Er darf weder Visiereinrichtung noch sonstige Visiermarkierungen ausweisen, darf keine verstellbare Pfeilauf- und -anlage, keine Stabilisatoren und an der Sehne weder Mund- noch Nasenmarke haben.

2) Die Visierbogenklasse: Hierbei sind auch die Turnierbogen der Scheibenschützen mit allen dort erlaubten Hilfen zugelassen.

Die Pfeile für die Feld- und Jagdrunde müssen mit klar sichtbaren Ringen von 5 Millimeter Breite in fortlaufender Anzahl gekennzeichnet sein. Der Ringabstand beträgt ebenfalls 5 Millimeter.

Ferngläser, die dem Schützen helfen, seine Treffer auszumachen, sind, wie auch beim Scheibenschießen, für den Schützen zugelassen.

c) Die Kleine FITA-Runde

Diese Runde, auch Short-Metric-Runde genannt, wird im Programm der Deutschen Meisterschaften als Rahmenwettbewerb ausgeschrieben. Die Kleine FITA-Runde ist in den Regeln der Stoke-Mandeville-Games verankert und läßt nur Meldungen von Schützen zu, die noch keine große FITA-Runde geschossen haben.

Je 36 Pfeile auf eine Entfernung von 50 und 30 Meter bei einer Scheibenauflage von 80 cm Durchmesser.

Die Turnierauszeichnungen

Seit der Gründung der FITA im Jahre 1931 gibt es für eine auf der FITA-Runde erreichte bestimmte Ringzahl eine internationale Auszeichnung, den sogenannten „FITA-Stern".

Ursprünglich gab es ihn nur für eine Ringzahl von 1000 und mehr Ringen – was dem damaligen Leistungsniveau der Spitzen-Schützen entsprach. Neue Materialien, Technologien und verbesserte Schießtechniken aber führten dazu, daß es Mitte der 60er Jahre zu einer enormen Leistungsexplosion beim Bogenschießen kam: Die bestehende Auszeichnung wurde dadurch erweitert, indem man den ursprünglich einzelnen fünfzackigen Stern auf farbige Schilder setzte, die die jeweilige Leistungsklasse anzeigen.

Die Anstecknadel, die mit zu den höchsten Auszeichnungen im Bogensport zählt, besteht aus einem goldfarbigen Stern mit der kreisförmigen Aufschrift: FEDERATION INTERNA-

Wilfried Ortmann,
12-maliger deutscher Meister im Feld- und Turnierschießen, seit 1966 in der Nationalmannschaft

„Die Olympiade 1972 in München hat dem deutschen Bogensport einen großen Ruck gegeben. Das Interesse stieg sprunghaft an und viele sind an diesem faszinierenden Sport hängengeblieben. Das war wichtig für die Nationalmannschaft, denn nur so kann man eine konkurrenzfähige Mannschaft zusammenbringen"

TIONALE DE TIR A L'ARC; in seiner Mitte die Zielscheibe, überspannt von einem Bogen mit aufgelegtem Pfeil, dessen Spitze nach oben zeigt.
Der Stern für 1100 Punkte ist mit einem schwarzen Schild,
der für 1200 Punkte mit einem hellblauen,
der für 1300 Punkte mit einem roten Schild unterlegt.

Die Nationalen Sterne:

Mit Beginn der Bogenschieß-Saison 1979 gab es für das Erreichen einer bestimmten Ringzahl auf der FITA-Runde auch nationale Auszeichnungen. In Anlehnung an den internationalen FITA-Stern wurde vom Deutschen Schützenbund der „Nationale Stern" eingeführt.
Die Einführung dieser Auszeichnung hatte gute Gründe: Sie soll Turniere, die nicht FITA-Stern berechtigt sind, für die Schützen attraktiver machen und ein Äquivalent schaffen für die nur in begrenzter Zahl stattfindenden und häufig überbuchten FITA-Turniere.
Auch der Nationale Stern wird für eine Leistung in einer FITA-Runde in vier Leistungsklassen vergeben, und zwar für 950, 1050, 1150 und 1250 Ringe. In seiner Gestaltung ähnelt er dem FITA-Stern: Ein sechseckiger Stern mit Scheibe und Bogen im Zentrum auf einem Schild, dessen Grundfarbe der jeweils höheren internationalen Leistungsklasse entspricht.

Die Meisterschaften:

Schützen, die ihre Kunst im Umgang mit dem Bogen gerne bei Meisterschaften messen wollen, haben dabei folgende Auswahl:
Es gibt Vereins-, Kreis-, Bezirks-, Landesverbands-, Nationale und Internationale Meisterschaften.
Zu den Vereinsmeisterschaften starten meist nur die dem eigenen Verein angehörenden Mitglieder.
Zur Kreismeisterschaft Schützen, die zu einem Verein innerhalb eines Kreises gehören.
Die Bezirksmeisterschaften finden für Bezirke statt.
Wer bei Vereinsmeisterschaften nicht mitgeschossen hat, ist nicht berechtigt, an Kreis- und Bezirksmeisterschaften teilzunehmen. Wobei ein Schütze an den Landesverbandsmeisterschaften der Länder dann nicht teilnehmen darf, wenn er nicht bei den Kreis- oder Bezirksmeisterschaften mitgeschossen hat.
Für die Deutsche Meisterschaft entscheiden die Ergebnisse der Landesverbandsmeisterschaften.
An den Internationalen Meisterschaften, wie der Europa- und Weltmeisterschaft, sowie bei den Olympiaden, sind nur Mitglieder der Nationalmannschaft zugelassen. Und aus der wiederum nur die Besten, die sich zusätzlich dafür qualifiziert haben, da die Teilnehmerzahl bei internationalen Turnieren meist geringer ist, als die Zahl der Nationalmannschaft. ■

Bogenschießen für Behinderte

Für den nichtbehinderten Bogenschützen stellt der Umgang mit Pfeil und Bogen nur eine von vielen Möglichkeiten dar, denen er je nach Lust und Laune nachgehen kann. Ganz anders ist das bei den Behinderten. Ihnen bietet das Bogenschießen als eine von wenigen Sportarten, die sie ausüben können, noch etwas ganz besonderes.

So wird es von vielen Ärzten nicht nur als Therapie empfohlen, sondern auch und hauptsächlich als eine besonders geeignete Maßnahme zur Rehabilitation: Viele Versehrte leiden unter fehlendem Kontakt zu Unbehinderten, leiden an fehlendem Selbstwertgefühl und ergeben sich in schädlicher Resignation ihrem Schicksal.
Und genau hier bietet das Bogenschie-

ßen, oft stärker noch als andere für Behinderte geeignete Sportarten, eine ganz spezielle Motivation: Zum einen können sie sich untereinander messen, können bei Turnieren der Behinderten-Sportverbände bis zur Behinder-

Zu den wenigen Sportarten, in denen sich die Behinderten nicht nur untereinander, sondern auch im Wettkampf mit Nichtbehinderten messen können, gehört das Bogenschießen.

ten-Olympiade teilnehmen; zum anderen aber gibt es unzählige Versehrte, die Mitglieder in Bogensportvereinen sind und bei nationalen und internationalen Turnieren, wie den Deutschen Meisterschaften oder den Olympischen Spielen gegen die nicht behinderten Bogenschützen antreten.

Oft ist es gerade dieser direkte Kontakt zu den „Normalen", durch den sie Mut fassen und ihre Behinderung zu akzeptieren lernen.

Nur besondere Behinderungen, wie zum Beispiel chronische Formen von Geisteskrankheiten, von Lähmungen oder Blindheit sind durch den Gesetzgeber aus Sicherheitsgründen vom Bogensport ausgeschlossen.

Alle anderen Behinderten, wie etwa der Querschnittsgelähmte, der Amputierte oder der Gehörlose können sich im Bogenschießen sportlich betätigen, und zwar von frühester Jugend bis ins hohe Alter. Für verschiedene Formen der Behinderung wurden deshalb Hilfsmittel geschaffen, wie beispielsweise Haken, Krallen und Bandagen für Versehrte mit Armschäden.

Bevor jedoch ein Versehrter das Bogenschießen erlernen will, sollte er auf jeden Fall einen sachverständigen Arzt mitentscheiden lassen, ob und in welchem Umfang er dies tun kann.

Ist diese Frage geklärt, kann er sich an die Geschäftsstellen der Landes-Behindertensportverbände wenden, um dort zu erfahren, welcher Verein für ihn am geeignetsten ist. ■

700 Jahre Vogelschießen in Belgien

„Wip", „Tir à la perche", „Popinjays" – alle drei Namen stehen für eine ganz besondere Art des Bogenschießens, das hauptsächlich im flandrischen Teil Belgiens als Volkssport betrieben wird, und über das schon seit dem 13. Jahrhundert Beschreibungen vorliegen.

Dabei schießen die Schützen auf angemalte Vogelformen aus Holz und Federn, die auf den Querstreben eines höheren oder niedrigeren Stammes angebracht sind. Selbst bei den Olympischen Spielen von 1920 im belgischen Antwerpen galt das Vogelschießen als olympische Disziplin. Kein Wunder also, daß noch heute das Schießen auf Hennen, Enten und Tauben in Belgien so populär ist, daß es im Sommer wie auch im Winter stattfindet, daß die Termine in einer speziellen Wip-Zeitung veröffentlicht werden und jährlich ein neuer „Wip-König" ausgeschossen wird. ∎

Der Flitzebogen

In der Natur der Sache liegt es wohl, daß es im Leben von kleineren Jungens Fragen gibt, mit denen sie lieber an die Väter als an die Mütter herantreten: Dann nämlich, wenn es sich um „reine Männerangelegenheiten" handelt – wie zum Beispiel um den Bau eines Flitzebogens. Und hierbei handelt es sich schon um Traditionsgespräche; erinnert sich doch jeder Vater, wie er vor Jahren selbst mit der gleichen Bitte an seinen Herrn Papa herangetreten ist. Während nun der Sohn darüber aufgeklärt wird, welche Funktionen Pfeil und Bogen einstmals in der Geschichte darstellten, fallen dem Vater die Tricks ein, die er selbst einmal gelernt hat, um seinen eigenen Flitzebogen zu bauen. – Tricks, die unterschiedlich spezialisiert wurden und sich trotzdem im großen und ganzen in den letzten zehn, zwanzig oder fünfzig Jahren nicht besonders verändert haben.

Nun denn, da begibt sich also der Papa mit dem Sohnemann – meist gegen den Willen der ängstlichen Mutter – auf einen Männerausflug: Sinn und Zweck des Unternehmens ist die Suche nach den richtigen Stecken, aus denen der Bogen und die Pfeile gefertigt werden sollen.

Wichtig am Bogen – wird nun der Sohn belehrt – ist, daß er aus hartem, biegsamen Holz gemacht wird, wie beispielsweise aus Stecken von Haselsträuchern oder Weiden. Dazu müssen diese Stecken dann auch noch gleichmä-

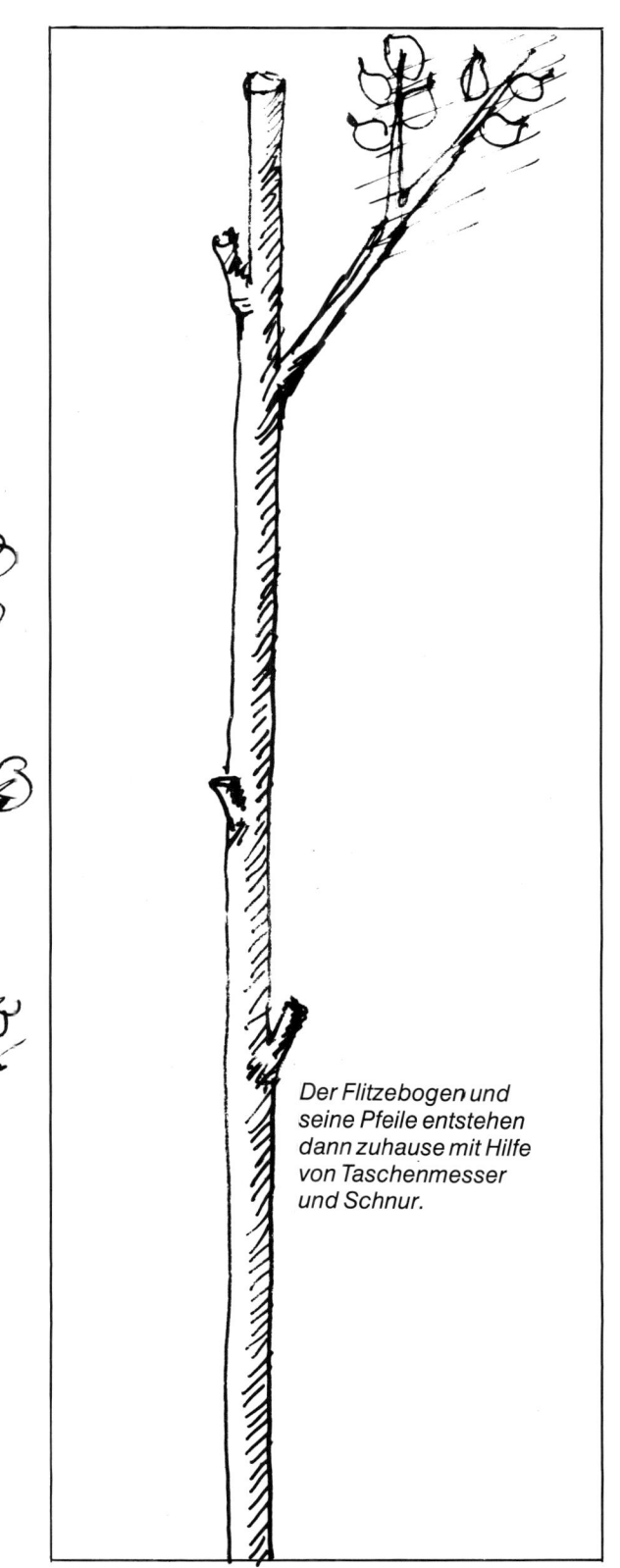

*Der Flitzebogen und
seine Pfeile entstehen
dann zuhause mit Hilfe
von Taschenmesser
und Schnur.*

117

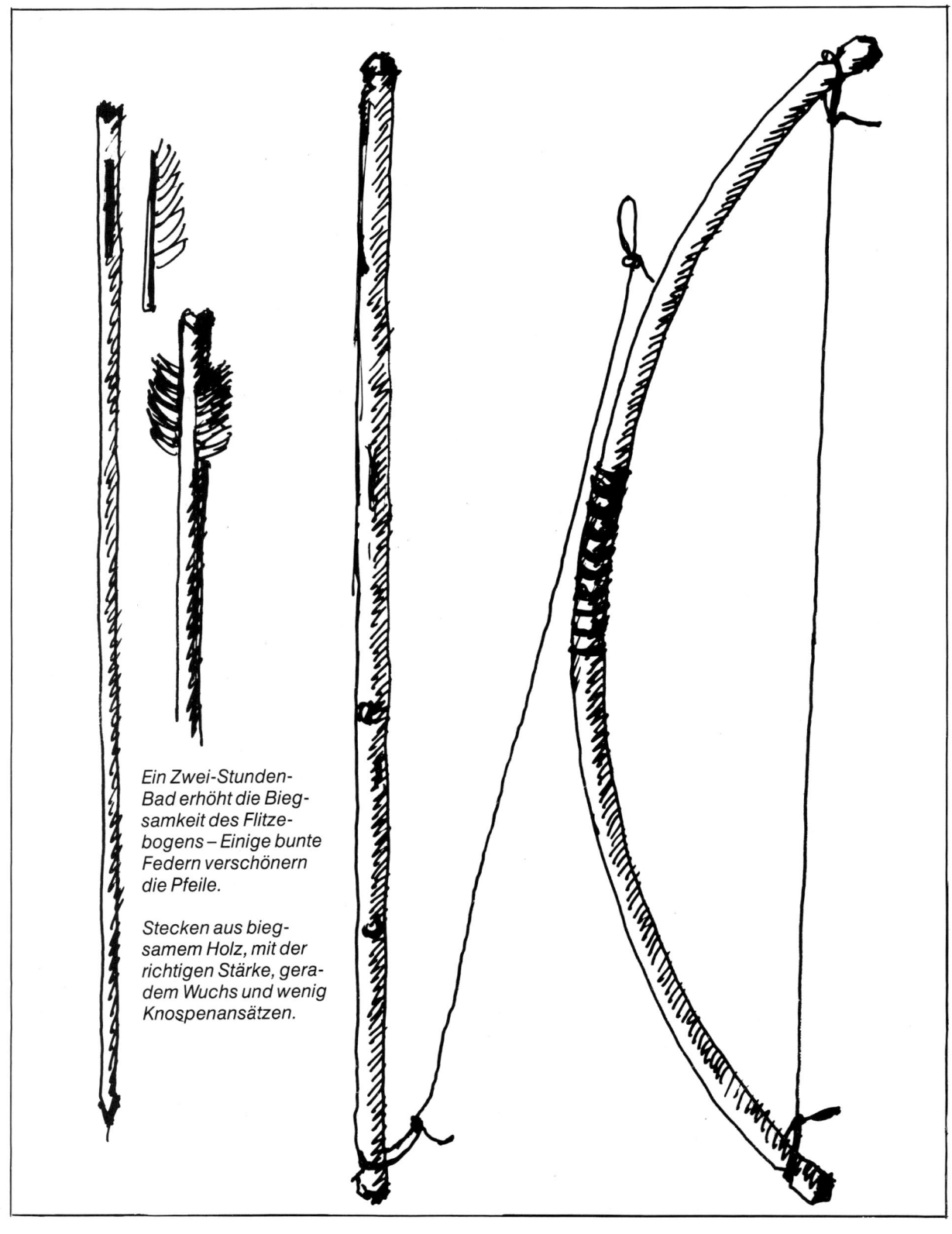

Ein Zwei-Stunden-Bad erhöht die Biegsamkeit des Flitzebogens – Einige bunte Federn verschönern die Pfeile.

Stecken aus biegsamem Holz, mit der richtigen Stärke, geradem Wuchs und wenig Knospenansätzen.

ßig gewachsen sein, dürfen nicht allzuviel Knospenansätze haben und sollten ungefähr so dick sein wie Papas Daumen.

Gesagt, gesucht und irgendwann auch gefunden, haben Vater und Sohn in einem Haselnuß-Gebüsch die geeignete Gerte, die ihren Flitzebogen-Kriterien entspricht. Der Herr Papa zückt sein Taschenmesser, schneidet sie ab und schneidet gleich vier, zwar dünnere und kürzere, aber auch gleichmäßig gerade gewachsene Stecken, die später als Pfeile ihren Dienst tun sollen.

Der erste Schritt ist getan. Jetzt kommt die weitere Arbeit zu Hause. Dort kürzt der Vater den großen Stock auf eine Länge von 1 bis 1,20 Meter zurück, glättet ihn mit dem Taschenmesser und kerbt ihn jeweils einen Zentimeter unterhalb der Enden ein.

Fürs erste ist jetzt die Arbeit am Bogen beendet. Denn der muß für einige Stunden, so hat der Papa erklärt, ein Bad nehmen, damit er sich dann später noch einfacher biegen läßt.

Nun sind die Pfeile an der Reihe: Mit dem Messer werden sie geebnet, auf eine Länge von rund 60 Zentimetern gestutzt und dann noch einmal mit grobem Schmirgelpapier bearbeitet, bis die Oberfläche ganz glatt geworden ist. Die Spitzen, die der Vater jetzt auf der einen Seite der Pfeile zuschnitzt, sind das, was den Flitzebogen so gefährlich macht, vernimmt der Sohnemann. Ernsthaft hört er auf die Anweisungen, wie er mit diesem Gerät, das

zwar ein Flitzebogen ist, aber trotzdem eine nicht ungefährliche Waffe bleibt, umzugehen hat.

Zum Schluß kerbt der Vater das dickere Ende des Pfeils quer ein. Die Federn, vernimmt dann der Bub, verbessern den Pfeilflug um einiges; sie sollten, wenn vorhanden, in zwei oder vier Längskerben geklebt werden, die zirka sieben Zentimeter unterhalb des Pfeilendes eingeritzt sind. Doch mangels Material verzichtet das Vater-Sohn-Team auf die Befiederung.

Die ganz persönliche Entscheidung über das Material am Griffteil des Bogens fällt nun der Junge selbst. Statt einer Schnur, die um die Mitte des Holzstabes gewickelt wird, bevorzugt er ein farbiges Plastik-Klebeband. Und nun endlich kommt das, was den Stock zum Bogen macht: Die Sehne. Er habe, erzählt nun der Papa, früher die Sehnen aus Tierdarm-Saiten seiner Gitarre gefertigt. Fürs erste reicht es wohl auch, sie aus einer dünnen Schnur zu zaubern: Zehn bis 15 Zentimeter kürzer als der Bogenstock muß sie sein; an beiden Enden werden zwei kleine Schlaufen geknotet – und dann kommt der spannende Moment:

Der Vater legt die Schlaufe um die erste Bogenkerbe und biegt langsam und vorsichtig den Stock, bis er die untere Kerbe in die zweite Schlaufe gelegt hat. Jetzt ist aus dem Haselnußstecken das geworden, was sich der Bub so sehr gewünscht hat – ein Flitzebogen. ∎

Kleines ABC der Bogensprache

Abschußhand/Sehnenhand:
Hand, die bis zum Lösen die Sehne hält.

Ankern:
Die Position der Abschußhand bei vollem Auszug: Bogensehne berührt Nase und Kinn. Zeigefinger berührt unteren mittigen Teil des Kinns.

Armschutz:
Armschutzlasche für den Bogenarm

Auslassen:
Lösen, Abschuß des Pfeils

Auszug:
Spannen, Ausziehen des Bogens

Bogenkapazität:
Größtmögliche Wurfleistung bei der jeweiligen Auszugslänge des einzelnen Schützen.

Bogengriff:
Plazierungsstelle für die den Bogen haltende Hand.

Bogenstabilisatoren:
Zusatzgewichte am Bogen, die Schwingungen des Bogens auffangen

Bogenarm:
Arm, der den Bogen hält.

Bogenenden/Tips:
Enden der Bogenspitzen

Bogenschlinge:
Fangriemen für das Schießen mit offener Hand, die den Bogen nicht festhält.

Button:
Verstellbare, federnde Pfeilanlage, die den Pfeilanlagekontaktpunkt bildet und seitlich in das Schußfenster des Bogens montiert wird. Führt u.a. zu gleichmäßigem Pfeilreflex.

Checker:
Kontroll- und Meßgeräte für die Überprüfung der Sehnenstandhöhe, das Ausmessen der Nockpunktstelle und des Tillers, sowie des Fixierpunkts für die Mundmarke.

Endumwicklung:
Umwicklung der Sehnenenden, die u.a. auch die Sehnenschlaufe bildet.

Fenster/Bogenfenster:
Aussparung am Bogen zwischen Pfeilauflage und zirka in Augenhöhe, damit das Visierkorn zum Zielen sichtbar wird.

Fletches:
Pfeilfedern

Frontstabilisator:
In Schußrichtung (Bogenvorderseite) montierter Einzelstabilisator.

Klicker:
Akustische Auszugskontrolleinrichtung am Bogen.

Köcher:
Tragetasche für Pfeile

Konterstabilisator:
Stabilisator auf der dem Schützen zugewandten Seite, als Gegengewicht für den Frontstabilisator, montierter kurzer Stabilisator.

Laminierung:
Verleimung mehrerer Lamellen/Leisten

Limit:
Mindestleistung

Lösen:
Abschuß

Mundmarke:

Kunststoffplättchen für die zusätzliche Kontrolle des Ankerpunktes.

Mittelwicklung:

Umwicklung der Sehnenmitte

Mono/Media:

Abkürzungen für Mono-, Einzel oder Frontstabilisator (mono) und Doppelstabilisator (media)

Nocken/Nox:

Kunststoffende des Pfeils, das mit Nockschlitz versehen und anklebbar ist. Dient zum Festklemmen des Pfeils auf der Sehne.

Nockpunkte/Fixpunkte:

Punkt auf der Sehne, auf dem die Pfeilnocke festgeklemmt wird. Kleiner Metallring, der auf der Sehne befestigt wird.

Passe:

Anzahl der Pfeile einer Serie

Pfeilauf- und -anlagen:

Werden im Bogenfenster meist selbstklebend angebracht. Hinsichtlich den An- und Auflagen sind zu unterscheiden: Starre Anlagepunkte, solche, die mit der Pfeilauflage zu verstellen sind und die elastischen Anlagepunkte (Button), die dem Pfeildruck zum Bogen hin nachgeben.

Pfeilgröße:

Durch Codenummern auf dem Pfeil vermerkte Abmessungen desselben.

Pound/lbs.:

Englisches Pfund, mit dem die Zuggewichte (Zugstärken) gemessen werden. 1 lb. = 453,6 Gramm.

Recurve:

Gekrümmte Enden der Bogenwurfarme

Release:

Vorrichtung zum Lösen des Pfeils. (haupts. am Compoundbogen)

Rückenzug:

Auszug des Bogens mit Einsatz der Rückenmuskulatur

Rückwärtsabschuß:

Auslassen des Pfeils mit der dem Pfeilflug entgegengesetzt bewegenden Abschußhand

Sehnenabstand:

Zwischenmaß, Sehne und Bogen bei bespanntem Bogen.

Sehnenschatten:

Die Sehne erscheint bei vollem Auszug vor dem Auge als Schatten

Spannriemen:

Hilfe zum Spannen des Bogens

Spine-Wert:

Steifigkeit der Pfeile. Definiert als das Maß der Durchbiegung in 1/1000 Zoll, wenn der Schaft mittig mit einem Gewicht von 2 lbs =907 gr. auf Biegung belastet wird. Je höher der Spine-Wert, desto steifer ist der Schaft.

Spotter:

Sicht- und Zielhilfe für Jagd- und Feldschützen

Streuung:

Umfang der auf der Scheibe eingedrungenen Pfeile einer Passe.

Streifschutz:

Brustschutz, der die Oberkörperhälfte der Bogenarmseite vor der Sehne schützt.

Schwingungsdämpfer:

Schwingdämpferkupplungen am Bogenstabilisator.

Tabs:

Fingerschutz, meist aus Leder, um die Zughand zu schützen

Teleskopstabilisator:

Längenverstellbarer Stabilisator

TFC:

Englische Kurzform für Schwingkupplung zur Schwingungsdämpfung und zeitlichen Verlängerung des Trägheitsmoment beim Abschuß.

Verreißen:

»Sehne verreißen« durch Verkrampfung der Abschußhand.

Visier:

Bogenvisier, Zieleinrichtung meist mit Korn, aber ohne Kimme

Visieren:

Zielen

Visierpunkt:

Gedachter Punkt auf der Scheibe oder im Scheibenzentrum

Visierschlitten:

Träger des Visierkorns auf der Visierschiene.

Visierschiene:

Schiene, auf die der Visierschlitten bei Visierverstellung geschoben wird.

Vorwärtsabschuß:

Abschuß mit Vorgehen der Zughand in Pfeilrichtung

Wurfarme:

Flexible Schenkel des Bogens

Zoll:

Englisches Maß, in dem Pfeil- undBogenlängen angegeben sind. 1" = 2,54 cm)

Zug:

Das Ziehen der die Sehne haltenden Hand (Zughand), Ausziehens des Bogens

Zugarm:

Arm der die Sehne haltenden bzw. ziehenden Hand.

Zughand:

Sehnenhand, die die Sehne faßt. Beim Rechtshänder die rechte Hand; beim Linkshänder die linke Hand.

Zuglänge:

Das Maß, Vorderkante Bogen bis Pfeilende am Kinn. (oder Wange) Länge hängt ab von der Armlänge und Schulterbreite des Schützen. Die Pfeillänge ergibt sich aus dem Maß minus 1"

Zuggewicht:

Kraft, die aufgewendet werden muß, den Bogen auf Pfeil- bzw. Zuglänge auszuziehen.

Adressen

Nachfolgend die Adressen des Deutschen Schützenbundes sowie der angeschlossenen Landesverbände:

Deutscher Schützenbund e. V.
Lahnstraße, Schießsportschule
65195 Wiesbaden-Klarenthal

Badischer Sportschützenverband
Alte Eppelheimerstr. 84
69115 Heidelberg
Tel. (06221) 2313 7

Südbadischer Sportschützenverband
Friedrichstr. 40
77654 Offenburg   Tel. (0781) 382 72

Bayerischer Sportschützenbund
Olympia-Schießanlage
85748 Garching   Tel. (089) 3169 49-0

Schützenverband Berlin-Brandenburg
Niederneuendorfer Allee 12-16
13587 Berlin   Tel. (030) 335 1351

Schützenverband Hamburg
Wilstorfer Str. 72
21073 Hamburg   Tel. (040) 776622

Hessischer Schützenverband
Steinlestr. 31
60596 Frankfurt am Main
Tel. (069) 638411

Niedersächs. Sportschützenverband
Wunstorfer Landstr. 57
30453 Hannover
Tel. (0511) 480408 / 483928

Norddeutscher Schützenbund
Winterbeker Weg 49
24113 Kiel   Tel. (0431) 648664

Nordwestdeutscher Schützenbund
Bahnhofstr. 36
27211 Bassum   Tel. (04241) 3966

Oberpfälzer Schützenbund
Wackersdorfer Str. 75a
92421 Schwandorf   Tel. (09431) 2392

Pfälzischer Sportschützenbund
Hohenzollernstr. 22
64433 Neustadt   Tel. (06321) 821 40

Rheinischer Schützenbund
Nordstr. 73
40477 Düsseldorf
Tel. (0211) 490039

Schützenverband Saar
Saaruferstr. 16
66117 Saarbrücken   Tel. (0681) 57055

Westfälischer Schützenbund
Ebertstr. 30
44145 Dortmund   Tel. (0231) 818644

Württembergischer Schützenverband
Moltkestr. 54
74076 Heilbronn   Tel. (07131) 72148

Otto W. Burghardt,
einer der führenden Fachhändler für Bogensportartikel, hat mit seinem Wissen bei der Entstehung des technischen Teiles dieses Buches in hohem Maße beigetragen.